记忆中国·名家自述

啼笑人生

张恨水自述

宋宗恒　荀梦　编

河南人民出版社

·郑州·

图书在版编目（CIP）数据

啼笑人生：张恨水自述 / 宋宗恒，荀梦编 . ‐‐郑
州 : 河南人民出版社，2025.1

ISBN 978‐7‐215‐13447‐8

Ⅰ.①啼… Ⅱ.①宋… ②荀… Ⅲ.①张恨水（
1895‐1967）‐传记 Ⅳ.① K825.6

中国国家版本馆 CIP数据核字（2024）第 025582号

河南人民出版社 出版发行

（地址：郑州市郑东新区祥盛街27号　邮政编码：450016　电话：0371‐65788072）

新华书店经销　　　环球东方（北京）印务有限公司印刷

开本：710 mm × 1000 mm　1/16　　　　　　　　印张：18

字数：205千

2025年1月第1版　　　　　　　　　2025年1月第1次印刷

定价：68.00元

目 录 ▶▶▶ CONTENTS

第二辑 谈谈创作

第一辑　岁月与回忆

看灯有味忆儿时

　　让我把陆放翁那句诗，青灯有味忆儿时，改去第一个字。为着同时让我把生命史揭过去四十二年。

　　我穿着一件枣红色的棉袍，外罩着雪青缎子一字琵琶襟背心。头上戴着青缎子瓜皮帽，上面有个酒杯大的红疙瘩，瓜皮帽前面，绽着一块碧玉牌。腰里系着一条湖水色纺绸腰带，在背心下面，拖出了两截。我脚蹬白竹布袜，红缎起乌云头的棉鞋，很潇洒地走向我的砚友傅秋风家里，目的是邀她看灯去。

　　我的学堂里，只有三个女同学，那两个人我忘了，我只记得秋风。她和我同年。瓜子脸，雪白，很大的眼睛。头上一大把辫子，辫子梢扎着一大把红丝线。我也觉得她很好看。她脸上虽有三四颗小碎麻子，抹了粉就看不见。尤其是她在眉毛中间，将胭脂点上几个梅花点，我觉得真够俏的。

　　我到了傅家，秋风穿着一件蓝布印白花的褂子，齐平了膝盖。外罩着一般长的青缎子大镶大滚，中嵌紫摹本缎大花背心。正提着一只螃蟹灯，和拖兔子灯的小弟弟玩耍。她看见我来了，笑着叫我的学名："杏渊，你才来，等的我急死了。你听，锣鼓

响到后街了。"我笑说："我们走罢，傅伯伯要你去？"傅师母
站在堂屋里烛光下，笑说：早些回来。这是个依允的暗号。我们
手挽着手走上后街。

景德镇看龙灯，并没有什么稀奇。稀奇是接龙灯的商家，
放烟火（即花盒子）放花筒，一家赛一家，越看越爱看。我挽着
秋凤的手，跟着龙灯，走一条街又一条街。熟识的商家，拿出果
子年糕茶叶蛋，招待这两个小孩。有人问主人，这男孩子是谁？
"张老爷的少爷。""这是小姐？""不！是傅家的姑娘，将来
的少奶奶。"秋凤脸上一阵红，低了头，撒开互牵着的手。但
是，过一会儿，我们又牵上了。我记得，牵得太久了，手心里出
着汗。

大半夜，我把秋凤送回家。她家堂屋里灯火通明在打纸牌。
傅伯伯也在牌桌上，看到我们双双回来，回过头对看牌的傅伯母
说：这两个小家伙倒很和气。同桌的人一齐笑道：你们两家，几
时过礼？秋凤笑着跑了。又是元宵，这一切都在眼前，但我最小
的男孩子，已将近我那时看灯的年龄。让我祝福秋凤健在罢，也
许有人喊祖母了。

那些玩大炮的人，可惜没有时间，体会陆放翁那句话："青
灯有味忆儿时。"几十年光阴，一混就完，何若乃尔！

原载1947年2月5日北平《新民报》

我做小孩的时候

　　那时，是满清光绪年间，男人头上，都挂着一条大辫子，女人全是小脚，不用多提，单这么两件事，就恍如在另外一个星球上了。闲话少说，我得提我自己。我六岁的时候，就蓄了辫子啦。在光和尚头左半边，头发养个歪桃儿。头发长了，梳个小辫儿，有那么尺把长，上面用红头绳扎着寸来长的根，下面再用红绳拴着辫梢，拖出来两三寸，和小辫子搭在肩上。现在哪家小孩是这么打扮？人家要不说是马戏班里的小丑，那才怪哩！我穿的衣服呢，总是大领子，就像今天和尚穿的衣服一样，不过没有那样长，只是平磕膝盖儿。袖子四五寸大，腰身挺肥。而且不作兴穿素的，不是有颜色的，就是花的。我脑子里还有个影儿，穿着一件蓝底白印花的褂子，罩在短袄子上，那大圆领还是红绸子做的呢。裤子呢？那时，小孩儿不系裤带，裤腰上前后有四个到八个绊儿，用绳子挂在肩上，倒有些像如今穿西装的背带。四十年前，可没线织袜子，都是白布的，外套各种花鞋。有云头儿、方头儿、老虎头儿多种，左右脚任穿，不分脚。现在哪位小朋友，要这么打扮起来，公园里一溜达，人家不当新稀罕儿看吗？

人的知识进步了，衣食住行，也就跟着进步。小朋友们生在于今，是比我们做小孩子的时候享受多了。请问，谁愿意学我当年那份打扮呢？说到打扮，我愿提起一件有趣的事。是我干妈，送给我的一顶青缎子做的带翅儿的乌纱帽，就像今日戏台上知县帽子一样。另外，还有一件蓝绸圆领儿长衫，我非常喜欢，做客总穿戴着。可是我没有靴子，有人送我一双五色线编的草鞋，我竟是穿着，和那乌纱帽蓝袍配上。当日我美极了。于今想起来，自己都笑掉牙。由于说我心爱的，让我想起几件心爱东西。第一，是两头山羊。第二，是我祖父部下给我做的一把木质关刀——因为我祖父是当时一员武将呀。第三，是一把小弓，几枝没镞儿的小箭，这是造弓箭店里送的。当年的武器，还有一部分是这玩意儿哩。我祖父的衙门很大，里院的回廊，就够跑百多步。遇到新年，我戴上乌纱帽，穿上蓝衫，身上背着弓，腰里挂着箭袋，肩上扛着木质刀，手上牵着羊，当了马，绕回廊这么一跑，这神气就大了。可是美中不足，那木关刀，是钉子钉在刀柄上的。使劲一舞，刀就弯下来了。我祖父部下，都说我玩的是剃头刀呢。本来嘛，就很像。

别尽谈笑，该说念书啦。我七岁上学，那时叫着"破蒙"。早上一进学堂，坐上位子，就念三字经儿，得大声念。我可是乱嚷，什么意思全都不懂。就说开头四句，"人之初，性本善，性相近，习相远"。小朋友，你懂吗！一堂学生，二三十人，就像打翻了虾蟆笼似的乱嚷。那先生板着永远不开笑容的脸，拿着竹板子在桌上直拍，拍的吧吧乱响，吆喝着："念，念，念熟了背。"一直把不懂的书念三四小时，除了到先生面前背书上书，不能离开位子。在医院吃药，也比这好受。中午放学回家吃饭，吃完了，赶紧上学。这就伏在桌上描红模子啦。描红模子的时候不是不念书了吗？全书房像死去了一样，谁都不能哼一声儿。你要是和邻座同学说句话儿。啪啪啪！头上三个暴栗，先生悄悄儿地走过来揍人了。写完了字，大家可以呆坐在位上一两小时。你认为这是休息吗？可更难受，什么都不能动，又不许说话，多难受。偶然偷偷地在纸上画个小人儿，或是在抽屉里折个纸玩意，先生不看到便罢。若是看到了，拧着耳朵，到孔夫子神位前去跪着。休息完了，又念书，直念到窗户里黑得瞧不见字，才放学。一年三百六十五日，天天如此，直到放年学，才算喘过一口气。这是当什么学生，简直是坐牢啦。

原载1947年4月4日北平《新民报》

我家不换春联

　　我的大伯祖父，性情有点像我。其实应当转过去，说我有点像他。我之不像他处，就是他能喝酒，我不能。他脸上有麻子，我没有。我祖父做到二品顶戴，官不算小。可是大伯祖出入制军巡抚之门，为座上客，却是个布衣。这一点，我非常之佩服他。

　　佩服他的，不仅是我，我大小几房，全如此。他有一肚子诗文，一笔好字，全因他早年落水在小孤山下长江里而消逝了。家里所留下的，只有他为各房所写的春联与神位。也因为只有这一点，我们家子弟，对此特别保护，到了过年，别家换春联，我家不换，只是把堂屋门上及祖先堂上的春联，用柔软的手巾，轻轻地扑去灰尘。这事情是每年大除夕正午做，而且推一位长辈的人去做。

　　祖先堂上那副联，是"孝友传家书百忍，文章华国镒千秋"。堂屋门联是"欲知世味须尝胆，不识人情且看花"。早年，我欣赏后者，后来，我欣赏前者对得太工整，是姓张的人，决不反对我这话。

　　我老家的屋，经过八年抗战而不坏，春联也存在。今年，我家闹了个"六出祁山"与"九伐中原"。屋子有点靠不住，而危燕处堂的春联，其命运可想。又逢三十，我为那大伯祖的墨宝祝福。

旧年怀旧

一

予虽幼读线装书，稍长则笃信科学，不知何者为鬼神与吉凶，而有一事，令予当时不能无凶兆之念者，其事至今犹在目前也。宣统三年，先君宦南昌。阴历元旦，例须上院。上院前，应举行出行。吾乡旧俗，子刻迎年拜祖，继则出行。出行为一年行动之始，未可忽也。时先君着补服冠戴已，令仆燃长爆竹，率予开门出行。予虽鄙此俗，以先君心慈，而家规则严，不得不从。既出门，倒应向四方拱揖。先君向南方一揖，有声沙沙然，出于脚下。视之，胸前朝珠，断线落了满地矣。予色变，嗫不能声。先君强于笑，执烛自为寻觅归而缀之。黎明，欣然乘肩舆上院去。予以为此岁先君必遭大变，数月不忘怀，然事后卒无恙，至年底始干一把汗也。

故乡菜圃中，有蜡梅一树，高过丈许，丛枝杂出，大则数围。每旧历岁除，即为黄金灿烂，奇香绕屋之时，辄于春酒后，徘徊其下，以消遣浅醉，十年久别此花，恐垂垂尽矣。

二

舍下老屋数椽，仅堪蔽风雨，先人遗产，曾系三代之盛衰。后人虽有改建之力，以念先人，未敢易也。然屋后青山，蜿蜒遥抱；屋前平畴，一望无际，有足乐者。门外即草塘一所，环堤种古柏垂杨之属。更其右，有旷场，冬青一树，高入云霄，数里外即望之。年期既届，在满日阳春之下，与群儿戏冬青树下，以急线爆竹掷水中燃放，终日不倦。今十年未归，闻堤树多坏，冬青亦已倒却，弥增感慨也。

余今砚田自活，固为将门之子。先祖父上字开，下字甲，驻节江西广信府。衙中为三国周瑜行营，大可数里，大门内，东西两校场，一习箭，一习杂艺也。营中老卒，山羊一，小弓一，无镞之矢一，赡予为年礼。予于是挽弓矢，跨山羊，驰驱校场之上，俨然一小英雄。今则困顿词场，呻吟终岁，愧对先人矣。

三

古人以月圆记岁，错乱时序，本为不可通之事。然积习千年，亦复安之。今之知识阶级，欲力矫此俗，遂主张不过旧年，以发其端。吾侪新闻记者，得宠锡指导社会之衔，遂不得不为前趋。今夕万家爆竹，围炉大嚼之时，吾人则方左剪刀而右浆糊，尽前趋之责任。或曰吾人为无冕之王。至今日，则此王之尊，虚席以待。必无揖让而升者，此可发一噱也。

　　北平为各省人士麇集之所，家异其俗。吾国各省，于古历二十四后，逐日皆有祀神祭祖者。因之连日以来，记者于银灯灿烂之下，把笔为文，如食药，则恒有爆竹破空而起，以扰吾文思，搁笔暇坐，百感交集，十年尘事，涌上心来。编报之暇，以笔头余沈记之，殊可念耳。

　　二十余年前，记者方在髫龄。以家庭由城避嚣乡，则从村先生治子曰之学。入冬以来，日日屈指放年学之期，苦不得到，期近矣，若干日前，即私与同砚约，将如何如何消遣。实则放学后，一无所成。人情大抵如此矣。

旧岁怀旧

予前岁为天津某报，作一万里山水雾烟记，中有杉关一节，今日言及旧事，犹如忆也。其又曰：

芥子园书谱第四卷，所绘山楼水阁，巨桥水磨，于瓯闽间随处可得之。长桥大抵跨河而通山，桥正中建屋，敞轩而观四面。桥下临闸，以围大数丈之木轮，置闸口中。水自上流头来，激轮辗转如飞，浪花作旋风舞，至为可观。

儿时，随先严客新城县。县为闽赣交界处，距杉关约六十里。是处万山丛杂，林齐深密，驿路一线，曲折于山水间。将及关，两峰夹峡下通马道，仅可并骑，出关俯瞰，势如建瓴。古人南征，以此为天险，信矣。

二十年来，百事都如一梦，唯山色泉声，偶然闭目，犹在几榻间。瓯闽春早，尔时灯节方届，隔河古道，柳条已作盈盈之态。乡人沿山道为圃，满种荞麦油菜，柳下淡黄微紫，可指而辨之也。涉笔至此，有莫向春风唱鹧鸪之感矣。

我与《晶报》

　　我对于《晶报》，向来是个爱护者。记得《晶报》初出世的时候，我在芜湖《皖江日报》当编辑。恰值经理谭明卿先生由上海回去，对同人少不得有些礼品相赠，他送我并无别物，却是一份《晶报》。那个时候，《晶报》唱的调儿，是高□个一流，听了给人一个痛快。自此以后，《晶报》有时唱工字调，有时唱六字调，十四年来，我都爱听，直到于今，由三日刊变成一日刊，戏码加重，而功夫更是老到，很像杨小楼的连环套，得炉火纯青之致。这十四年来，一年或两年之间，偶然也向《晶报》投一两次稿，其间当然也有转交字纸篓的，可是登出来的也很多。而我的名字，向来便是真正王麻子，直署恨水。有《晶报》的收藏家，也许可以找着我第一次稿是说什么。不过半年以来，我也偶然化名一两回。过了十四年，我理想中许我丰致翩翩的记者，都成了朋友。而大概也不成为我理想中的人了。我虽由投稿家，变成了一个每场必露的跑龙套，然而未免有树犹如此之感了。今年的纪念，我恭逢其盛，是可引为欣慰的。我很希望明年此时，我捧场的稿子，由北京用快信寄到报馆来，而这种希望，也许就是《晶报》及读者所同希望的呢。

原载1933年3月3日上海《晶报》

我与丹翁

丹翁就是张丹斧，他，当然是个怪人，写怪字，吟怪诗，玩怪古董，一切的一切（这句是新兴文字）都怪，我在二十年前，就五体投地了。记得《晶报》文言白话论战一场，翁译胡适为到哪里去，我也戏译丹翁二字为通红的老头子，于是无人不知通红的老头子了。我与丹翁有这样一段因缘，丹老也极为捧我，有恨水小说丹翁诗，几乎无一家无之的妙诗，深得互相标榜之诀，可是我们是这样的老搭档，却一直到于今，未曾会面。假如丹翁死在我后，不知作何感想，我若是死在丹翁后，这必是挽联中一个材料，说到这里，好像骂人，亟对翁诗以捧之。

无人不识张丹斧，二十年前善骂人，自古滑稽胜正论，于今幽默是高文，可怜干女年来少，翻觉斑纹老去清（年初二在□□兄家吃果盘，有糖，豆荚一片，雄翁言可与丹老一认斑纹，丹老玩古董之成绩，乃如是乎，一笑），我与翁来，翁亦与我（此亦字如曲中之衬字姑存之）双簧籍祝此晶晶。

去年今日曾为文《我与〈晶报〉》，故今日文为《我与丹翁》，翁，晶开国元勋也，故次焉耳。

原载1934年3月5日上海《晶报》

湖山怀旧录

一

恨水不敏，行已中年，无所成就。年来卖赋旧都，终朝伏案，见闻益寡。当风晨月夕，抱膝案头，思十八九岁时，飘泊江湖。历瞻山水之胜，亦有足乐者。俯首微吟，无限神驰也。因就忆力所及，作湖山怀旧录，非有解嘲，实思梦想耳。

谈江南山水之胜者，莫如吴头楚尾，所谓江南江北青山多也。大概江北之山，多雄浑险峻，意态庄严；江南之山则重峦叠嶂，风姿潇洒。大苏谓："欲把西湖比西子，淡妆浓抹总相宜。"则不但西湖如此，江南名胜，无不如此也。

西湖十景，山谷仅居其三，曰双峰插云，曰南屏晚钟，曰雷峰西照（原名雷峰夕照，清圣祖改夕为西，平仄不调，觉生硬）。而原来钱塘十景，则属山谷者较多，计有灵石樵歌、冷泉清啸、葛岭朝暾、孤山霁雪、两峰白云，盖十居其五矣。

双峰插云者，就西湖东岸，望南北二高峰而言。每当新雨初霁，一碧万顷，试步湖滨路，园露椅上，披襟当风满怀远眺，则南北二峰遥遥对峙，层翠如描，淡云微抹。其下各山下降，与苏白两堤树影相接，尝欲以一语形容，终不可得，若谓天开图画，则尚觉赞美宽泛不切也。

原载1929年6月11日北平《世界日报》

二

近年南游来者，辄道西湖之水，日渐污浊，深以为憾。盖其泥既深，鱼虾又多，澄清不易也，然当予游杭时，则终年清洁，藻蔓长，无底可见。而四围树色由光相映，遂令湖水成一种似白非白，似蓝非蓝，似碧非碧之颜色。俗称极浅之绿，曰雨天青，近又改称西湖水，其名甚美，惜今日已不副实耳。

南屏晚钟，宜隔湖听之，夕阳既下，雷峰与保俶两塔，倒影波心，残霞断霭，映水如绘。游人自天竺灵隐来，漫步白沙堤上，依依四顾，犹不欲归。钟声镗然，自水面隐隐传来，昏鸦阵阵，随钟声掠空而过，则诗情如出岫之云，漾欲成章矣。

西湖水景，除里外湖而外，则当推西溪，两岸梅竹交叉，间具野柳，斜枝杂草，直当流泉。小舟自远来，每觉林深水曲，欲前无路，及其既前，又豁然开朗。蒹葭缥缈，烟波无际，远望小岫林，如画图开展。两岸密丛中，时有炊烟一缕，徐徐而上，不必鸡鸣犬吠，令人知此中大有人在矣。

西湖为中国胜迹，文人墨士，以得一至为荣，故各处联额，无一非出自名手。孤山林和靖墓、林典史墓（太平天国之役殉难者，名汝霖）、林太守墓（清光绪朝杭州知府，有政声，名靖）前后相望，太守墓石坊上有联曰："树枝一年，树木十年，树人百年，两浙无两；处士千古，典史千古，太守千古，孤山不孤。"曾游西湖者，皆乐诵之。至于少保墓联："赤手挽银河，君自大名垂宇宙；青山埋白骨，我来何处哭英雄。"此则艺林称赞，无人不知矣。苏小坟上有联曰："桃花流水渺然去；油壁香车不再逢。"集得亦佳。

原载1929年6月13日北平《世界日报》

三

湖滨路有一茶楼，凡三级，雕阑画栋，面湖而峙。尝于漠漠春阴之日，约友登楼，临风品茗。时则烟树迷离，四周绿暗，而湖水不波，又觉洞明如镜。即而大风突起，湖水粼粼，遍生皱纹，沿湖杨柳，摇荡者不自持，屡拂栏前布帏而过。所谓山雨欲来风满楼者，临其境而益信。此茶楼之名颇雅，日久已忘之，唯内马路有一旅社，名"湖山共一楼"，惜不移此耳。

南北二高峰，均在湖滨十里以外，予客杭仅十日，因登灵隐之便，一游北高峰而已。峰在灵隐之后，自灵隐五百罗汉堂侧，拾级而登，直至山顶，约合一万尺。山之半，曲折而西，有庵曰"韬光"。松竹交加，绿阴碍路，遥闻泉声泠泠然，若断若续，出自树草密荫中。转出竹林，有红墙一角，则庵门是矣。庵建石崖上，玲珑剔透，有翼然之势。人事与自然，乃两尽之。庵旁有一池，石刻之龙首，翘然于上，僧刳竹为沟，曲折引泉达于龙顶，水如短练，自龙口中吐出。池中有鱼，非鲤非鲫，红质而黄章，长约尺许，水清见底，首尾毕显。寺顶有石堂，登临俯视，钱塘江小如一带，江尽处为海，只觉苍茫一片，云雾相接而已。堂外有石匾曰"韬光观海"，以此，然未列于西湖十景也。

原载1929年6月14日北平《世界日报》

四

词家"三秋桂子，十里荷花"二语，致引金人问鼎，胡马南窥，西湖桂花之盛，当可想见。向来游湖者，极道九溪十八涧之美，而不知九溪杨梅岭一带，重翠连缀，秀柯塞途，极得小山丛桂之致。据杭人云：八九月之间，木叶微脱，秋草半黄，堆金缀玉，满山桂子烂开，桂树延绵四五里，偶来此地，如入香海。每值月白风清，万籁俱寂，云外香飘，距山十余里人家得闻之。予闻语辄神往焉。

云栖之竹，几与孤山之梅齐名。到杭州者，实不得不一访游之。其地翠竹数万竿，密杂如篱，高入霄汉。小径曲折，迤逦而入翠丛，时有小泉一眼，自林下潺潺而来，石板无梁，架泉为渡，临流顾影，须眉皆绿。林中日光不到，清凉袭人，背手缓步，襟怀如涤。竹内有小鸟，翠羽血红啄，若鹦鹉具体而微。于人迹不闻时，山鸟间啼一二声，真有物我皆忘之慨。

外省游人至杭，如入万宝山中，目迷五色，不知何所取舍，而栖霞之与烟霞云栖，往往误而为一。栖霞洞在葛岭之后，深谷之中，竹树环列，狗见吠客，则游人不期而至洞所矣。初入为一山寺，若无甚奇，旁有石洞，坦步可入。及至洞内，忽焉为佛堂，忽焉为缝，忽焉又为屋，曲折阴晦，如非人世，洞最后露一口朝天，古藤垂垂，山上坠下，旁有水滴声，若断若续，不知出于何所，真幽境也。

原载1929年6月15日北平《世界日报》

五

小瀛洲即放生池，三潭印月，乃其一部分也，洲与湖心亭、阮公墩鼎峙外湖水面。自孤山俯瞰，此洲如浮林一片，略露楼园。乃驾小舟而来，则直入青芦，可觅得石级登陆。陆上浮堤四达，于湖中作池，真是有路皆花，无处不水。其间楼阁、虚堂以空灵胜，"卐"字亭以曲折胜，盈翠轩以清幽胜，亭亭以小巧胜。亭曰亭亭，可想其倩影凌波，不同凡品。若夫清潭泛影，皓月窥人，一曲洞箫，凭栏独立，居然世外，岂复人间？

游湖当坐瓜皮小艇，自操桨，则波光如在衣袂，斯得玩水之乐。湖中瓜皮艇，长丈许，中舱上覆白幔，促膝可坐四人。舱内备有棋案（高仅盈尺，面积如之），可以下棋；备有短笛，可以奏曲；备有档勺，可以饮水。如此榜人，诚大解事，真所谓有六朝烟水气者矣。

西湖各地之以花木名者，云栖以竹名，万松岭以松名，九溪以桂名，白堤以桃柳名，平湖以荷名。初与旧景不甚相合。此外苏堤春晓，成为一片桑柘，柳浪闻莺，则草砾蛙鸣，此又慨乎人事变幻不定也。

原载1929年6月16日北平《世界日报》

六

苏小小墓在西泠桥之南。六角小亭，近临水滨，湖草芊芊，直达亭内。冢隆然，高约三尺许，在亭之中央。唯坟之上下，遍蒙鹅卵石，杂乱不成规矩，未知何意？据杭人云：游人在湖滨拾石，立西泠桥上，遥向亭内掷之，中冢则宜男。杭人之迷信于此可见一斑矣。

杭俗迷信之甚者，莫如放生一事。如禽如兽，固可放生，即一虫一鱼，一草一木，亦莫不可放生。且放生亦有专地，将鱼虾放生者，多在小瀛洲行之。将龟蛇放生者，多在雷峰塔行之。将竹放生者，多在天竺行之。竹何以放生？未至杭州者，必以为妄矣。此事大抵出之于好出风头之妇女，与庙中僧约，指定山上之某某数株，为放生之竹。僧乃灾刀炙字于上，文曰：某月日某某太太或某小姐放生，自此以后，竹即不得砍伐，听其老死。竹所临地，必在路旁。放生之竹，路人悉得见之，放生之人，意亦在是也。一竹之值，不过一二元，一经放生，僧不取，由放生者随助香资，因之一竹之费，且达数十元矣。

原载1929年6月18日北平《世界日报》

七

灵隐寺前之飞来峰，名震宇宙，实则不甚奇，其实才如北海中之琼岛耳。山脚一涧琤琮流去，是谓冷泉，涧边有亭，即以泉名之。亭中之联，以峰与亭为对，最初一联曰"泉自山中冷起，峰从天外飞来"次改为"泉自几时冷起，峰从何处飞来"也；今所悬者，则为"泉自冷时冷起，峰从飞处飞来"也。

沿湖人家坟墓，布置清幽，花木杂植，偶不经意，辄误认为名胜。而墓之有是数者，亦殊不少。计岳庙之岳武穆坟，三台山之于忠肃坟，民元前之徐烈士（锡麟）墓，西泠桥之苏小小墓，孤山之林和靖处士墓，冯小青墓，英雄儿女，美人名士，各占片土。其他如牛皋等墓，自宋以还当不下数十处，尤不能一一列举也。

墓地最清幽动人者，莫如小青坟，坟在孤山南角水榭之滨，梅柳周环，浓荫四覆，小亭一角，仅可容人，伏于墓上。由林和靖墓至此，草深覆径，人迹罕到。白午风清，轻絮自飞，凄然兴感，令人不知身在何所。予于湖心亭壁上，见冷香女士题句，咏小青坟云："古梅老鹤尽堪愁，郁郁佳城枕习流。分得林花三尺土，美人名士各千秋。"清丽可诵。

原载1929年6月19日北平《世界日报》

八

数年前，每作痴想，于二三月间，雇亭子小舫一艘，略载书籍数十卷，茶、笔、床、香炉及丝竹之乐器数事，携童子或苍头一，助理茶水之需，于是放舟平河小荡间，顺流所之，不择市集，则舟穷十日之游，当不仅得画图百幅矣。

吴越间问道，既分又四达，而野渡平桥亦比比皆是。板桥多于平岸间巍然高拱，下通一孔，孔洞然如城门。嵌石联于两边，联语多偏重于农事，或嵌乡名于内，佳者殊少。然此事已成定例，又无桥不联也。河水不广，遇桥则更狭，每两舟于桥畔相遇，则一舟择此边之广阔处小泊，以待彼舟之过。恍如人阵之车过函谷诸险，必驻马让人也。

"好是日斜风定后，半江红树卖鲈鱼。"客有游松江者，偶忆此诗，不能不一尝鲈鱼之味矣。由松江至嘉兴，所谓一衣带水之隔，绿野平畴间，小河如人家池塘，轻舟快，穿桑柘人丛中而行。每当日午风清，绿莽深处，辄泛出瓜皮小艇，尾逐客舟前。后询之，则卖鱼者。鱼价甚贱，去市价至四五倍，渔舟既来，令人不能拒绝，渔人于水舱中出鱼篓，遥见银刀乱掷，间得巨口细鳞之物，鲜美异常，又非松江市上之鲈可比矣。

原载1929年6月22日北平《世界日报》

九

恒人有言曰：上有天堂，下有苏杭。若乎苏州之风景，未可没也。好游而未至苏州者，有二处必知之，一曰寒山寺，一曰虎丘。盖词人吟咏，见诸篇章，可闻之久矣。寒山距阊门有七里许，夹河桑林匝翠，一望无际。林外有石道，平坦可步。行近得一石桥，横跨两岸，即枫桥也，桥畔有人家数百户，是曰枫桥镇，寺在镇后，约三进，其间虽略具楼阁，然绝无花木草石之胜。有一楼，架一巨钟，盖应张继诗"夜半钟声到客船"句而特设者。殿外廊间，有石碑二，一破裂，一完好，皆尽《枫桥夜泊》诗，字大如碗口，作行书，极翩然有致。据僧云，旧碑系张继自书，新碑则拓而复勒者。然张继吟诗，何曾题壁，伪托可知。

苏杭一带，小河如棋盘蛛网，港里交通，随处可达。平常人家，大抵前门通陆，后门通河，于河更引支流一湾，直达院内，曾于友人席上，夸谈"江南好"以为乐。一友曰："吾家环野竹篱笆，中植芭蕉、海棠、月季、腊梅之属，四时之花不断，罢钓归来，引船入篱。"座有北人，不待其语毕，即笑曰："诈也，时安有引船入篱之事乎？"予即白其景实，且谓江南人家家有船，正如河北人家家有车。河入篱内，虽属为奇，而江南之河，大都宽仅数丈，水平浪稳，小舟如床，妇孺可操。且人家所分支流有恰容一小舟者，则其入篱，自可能矣。

原载1929年6月23日北平《世界日报》

十

胥江由将门入城，支渠绕街市，河流汩汩，沿人家绕户而过。晨曦初上，居民启户而出，上流人家虽倾倒污秽，下流人家自淘米洗菜，妇孺隔河笑语，恬不为怪。外地人谓苏州人物俊秀，其因在此，谑已。

一泓曲水，七里山塘，昔人谓其处朱楼两岸，得画船箫鼓之盛，盖朱明之际，昆曲盛行，此者架船为台，在中流奏技，出城士女，或继舟以待，或夹岸而观，山塘一带，遂为繁盛之区。降及逊清，此事早不可复观。今则腥膻扑鼻，两岸为鱼盐贩卖所矣。

山塘处曰虎丘，妇孺能道之江南胜迹也，此山之所以奇，在平畴十里，突拥巨阜。山脉何自，乃不可寻。初在外观之，古塔临风，丛楼隔树，孤山独峙，一览可尽，及入其中，则高低错落，自具丘壑，回环曲折，足为半日之游。唯太平天国而后，花木摧残殆尽，蔓草荒芜，瓦砾遍地，殊煞风景耳。

原载1929年6月24日北平《世界日报》

十一

江南人士，谈苏州者，无不知有留园。园为江苏巨室盛宣怀之别墅，在阊门外大约二里许。园中亭台曲折，花木参差，极奇巧之能事。园中最胜处，中为一巨池，石桥三折其上，南端为水榭，杂植桃杏杨柳之属。偏西为紫藤一巨架，与一小亭，相互倒映水中。其余二面为太湖石，间植梧桐、木樨，山下左设小斋，后植竹，宜读书。右为虚堂，无门。春草绿入其中，可小饮望月。略举一斑，其他可知。园之成传费四十万金，以予计之，成当不至此耳。

予曾读书苏州学校，为盛氏之住宅，与留园盖一墙之隔。其理化讲堂，即留园之一角，划入校中者也。教室上为西式红楼，下为精室。小苑三面粉墙，一处掩以雕栏，两处护以垂柳，廊外首植淮橘四株，其次为塞梨碧桃，交互则生，其三为垂丝槐五六本，更杂以紫薇，最末则葡萄一架，梅花围于四周。雕栏下有古井一，夭桃两树覆于上，夭桃之上，则为翠竹一排，盖隔墙之竹林也。相传此处为杏荪寝室，故其外之花木，罗列至于四季。予住校时，即卜居于此。花晨月夕，小立闲吟，俱感清趣，湖海十年，豪气全消，而一念及此，犹悠然神往。数年前乘沪车经过苏州，每见桑林之上，红楼一阁，恍然如东坡老遇春梦婆也。

与留园齐名者，有拙政园、植园、西园三处。植园以地僻未游，西园附于西园古刹（亦盛氏所建），简陋无足称，拙政园为八旗会馆之一部，虽小于留园，而池馆依花，山斋绕竹，皆精美绝伦。有玲珑馆者，满院怪石，不植花木，浅苔瘦蔓，繁华尽洗。石林中有一木屋，高不及丈，并无几榻，只设一蒲团，门上悬竹板，联曰："扫地焚香盘膝坐，开笼放鹤举头看。"恰如其分。

原载1929年6月27日北平《世界日报》

十二

虎丘之胜，有剑池、憨憨泉、拥翠山庄、云岩禅寺、冠云台、千顷云、阖闾墓、真娘墓、试剑石、点头石、千人石等处。拥翠山庄，沿山之半，建筑楼阁，南望天平上方诸山，如青幛翠屏，遥遥环峙，西望麦地桑田，一碧无际，名目拥翠，得其实也。阖闾墓渺不可得，真娘墓亦土垠崩溃，杂生荆棘，当予游时，颇感不快。近得友人书，墓已仿苏小坟，建亭植树，且拥翠山庄一带，亦遍树桃李数百株，虎丘满山锦绣，已不如数年前之荒落矣。

清某君咏虎丘诗曰："苍苔翠壁无人迹，小立斜阳爱后山。"此非经过人真不能道。盖虎丘奇，在于土垠之中自生奇石。前山剑池，削壁中开，下临幽泉，人以为奇。其实斧凿之痕，斑斑可辨。而后山则石崖陡立，无阶可下，蔓藤塞泉，自有幽趣。且唯至后山，能现虎丘真形，而信此山非人工所造也。

原载1929年6月28日北平《世界日报》

十三

江金焦之景，人所美称，金山一寺，吾国老妪耳熟能详之处也。金山在江岸，步履可往，焦山则在中流，非舟才渡。客京口者行旅匆匆，多至金山而止。金山寺乃俗名，实则为江天禅寺。

寺背山面江，雄壮开朗，寺后有塔，下建一亭曰江天一览，额为清圣祖御笔，曾国藩所重摹。圣祖之字，本极构板，曾书竟能貌似，可谓学其君者。登此四望，群山迤逦东来，能相连接，大江浩浩，为山所围，横卧其中，形势颇奇。为沿江带名胜所未有也。

天下第一泉，距金山约半里许，泉周围以石栏，可以平观。泉流固平，而其中则有微浪鼓起，作欲趵突状，即泉涌也。相传一泉原在江底，汲水者以铁桶沉江，上覆以盖，盖端另悬一索，可以将盖移动，度桶已及泉，则启之如容泉入，然后覆盖上升于江面。按此泉所在地，及以铁桶汲泉两说之事理，皆不可能，可决其无稽也。

原载1929年6月29日北平《世界日报》

十四

焦山之景，不以山胜，而以水胜。不以观水胜，而以听潮胜。凭栏注视，波浪翻涌，直奔眼底，如身在舟中。但小坐山阁，下不见长江，则波浪冲击山石，雷鸣鼓碎声。山上松涛起落，龙吟虎啸声。山谷回响，断山残雨声。是真是假，亦有亦无，又令人如坠大海，不能久坐。忽然清磬一声，自树林中又传来，始知身在山上。使欧阳修、金圣叹来此，则《秋声赋》讫《口技》两篇，当能多所借助，渲染更有声势矣。

原载1929年6月30日北平《世界日报》

十五

金陵为龙盘虎踞之地，于秀丽之中，寓以雄壮之气。以其都江南，真无逾于此矣，舟自上流头来，遥见下关楼台隐隐如在水平线上，其后青山一发，隆然高起，即狮子山也。山在仪凤门内，雉堞绕山麓而过，山作狮子伏地状，树林丛密，又若蜷毛纷披也者，愈增其威势。金陵北临长江，所谓飞鸟莫渡，此山更卓然独立，遥遥与浦镇韩王台对峙，不啻金陵之北门锁钥。

吾人读《桃花扇》《板桥杂志》诸书，见其写金陵三月莺花，六朝金粉，极尽秀丽繁华之能事，辄不觉熏人欲醉，悠然神往。一至下关，匆匆摒挡行李，即驱车入城，一访前朝胜迹。而事实与传言有极端相反者，则入仪凤门而北，水田无际，野柳成林，寒街冷巷，荒凉满目。访雨花台唯有乱石载途，入明故宫只是瓦砾遍地，登北极阁亦复蛛网封门，凭栏小立，令人有荆棘铜驼之感。

袁子才随园，为曹雪芹家故物，即见时心焉向往之大观园也。吾人爱《红楼梦》之为一代名书，更又慕袁子才为一代才子，既来金陵，即令俗务杂集，而此处亦万不能不拨冗一观。出鼓楼西行，于稻田中得鹅卵石砌成之小路一弯，迤逦前进，皆在小山之麓，无何得一碑，上书曰小仓山，碑旁有乱砖砌成之小屋一间，极似土地祠。门以石瓦封之，空其上如破洞，探头内视，洞黑如漆，阴霉之气，中人欲呕。门上有横额，大书特书袁子才先生祠也。袁子才一生，风流放诞，享尽清福，而其专祠溃败，一至于此，亦所谓身后萧条者已。

原载1929年7月2日北平《世界日报》

十六

小仓山如蛇盘，如蟹伏，岗曲峦屈，乱草丛生，小径无人，不辨四向。山下有小坡，二三人家，负山种菜，求之随园诗所述小仓山诸胜，迄无所获。继于对山崖下，复得一巨碑，碑书曰：随园遗址。碑后有小记，述随园荒落，久为茂草，袁子才之孙，自四川宦游南下，觅出旧址，将袁墓重修理之。是则袁死葬随园，可以伏为，但碑口亦无丘垄，袁墓何在，仍不可知，登山遥望，唯鸟粪塞途，荒草迷径而已。

由小仓山更西行，山愈幽，草愈密，忽闻清筹一声，则抵清凉山矣。山有寺曰清凉禅寺，寺有楼曰扫叶楼，楼前小岫平铺，茂林丛聚，颇得萧旷之致。楼窗洞开，清风入座，秋日槐树初黄，夕阳淡抹，凭栏听秋声，别有境界。予尝有句曰："落叶无人扫，乱山相向愁。"写实也。

原载1929年7月3日北平《世界日报》

十七

湖以莫愁名者，以人名地也，民间传说，中州有女子曰莫愁者，嫁金陵卢氏，家湖上，会夫婿远游，深闺寂寞，颇有悔教封侯之感，湖为莫愁者是以名焉，然考之书籍，事又大谬，梁武帝歌："河中之水向东流，洛阳女儿名莫愁。……十五嫁为卢家妇，十六生儿字阿侯。"初未云嫁金陵卢氏也，又《旧唐书·音乐志》：《莫愁乐》出于《石城乐》，石城有女子名莫愁，善歌谣。一按石城为湖北钟祥县，清时有莫愁村在，初非石头城人也，后人以洛阳之莫愁，误作石城之莫愁，更以钟祥之古名石城误为金陵之古名石头城，于是两莫愁籍贯皆非矣。唯《寰宇志》，才记莫愁为南朝妓，后人承之，至以莫愁湖与苏小坟、真娘墓并称，形诸篇章，渐流于俗，苟其事为莫须有，不亦唐突古人之甚耶？此事世人多为舛误，故考证之。

莫愁湖既非卢家少妇之乡，则郁金堂亦不应在莫愁湖上，因此堂由于卢家少妇郁金堂一语而来也，堂中现无若何遗迹，其东偏有一庵，名曰华严殿。古屋牵罗，矮墙依树，萧条殊甚，堂上供明中山王徐达位，有联云："此地曾传汤沐邑，何人错认郁金堂。"未免有点儿山气，余皆长联颂中山者，因非所好，不能记忆。转不如堂外水心亭联："一片湖光比西子，千秋乐府唱南朝。"落落大方，不着痕迹也。

原载1929年7月4日北平《世界日报》

十八

二三百年来，金陵屡遭大劫，名胜古迹，凋残垂尽，青溪张丽华祠，瓦宫寺、凤凰台，皆不识所在，乌衣巷斜阳惨澹，无复王谢之堂。虎踞关蔓草凄迷，亦失为花之市，游览既多，弥增感慨！

　　尝夜泊燕子矶，草木蓊郁，苔气扑人。月小天高，绝无人影。夜潮汩汩，撞打矶头乱石，湃然而起，悠然而息，前赴后继，阵阵入耳。悲风吹来，水木中老鸦，为之呱呱惊起，伏枕假寐，如非人境。推窗北眺，江流浩浩无声，水月相映，若在大雪中。隔江渔火两三星，闪烁作光，愈似此处与人寰隔绝也者。"淮水东边旧时月""金陵渡口去来潮"，一时两尝此种境况，虽吴道子有巧夺造化之功，亦无法书出也。

原载1929年7月5日北平《世界日报》

十九

　　堂上有胜棋楼为徐中山当日胜棋处，登楼远望，翠岫明湖，悉收眼底，中山千秋事业，一代能臣，特于此胜地留下遗迹，则当更有不朽者。孙中山先生酷爱金陵，生则主张迁都于此，死又葬于紫金山，一徐一孙，前后遥遥相对，亦可谓"德不孤"矣。

　　出朝阳门约七八里，大道平平，康庄适步，翁仲石兽相对峙，亘延二三里而不绝。道左有大碑高逾数丈，述朱太祖起兵建业事。由此北向，即达孝陵之门，门凡三，启其左右以纳游人，危墙高耸，有如巨宫。正中高殿一，空洞虚朗，了无陈设。殿中孤悬太祖像，额突，目巨，鼻隆，下额前伸如瓢把之中，如见雄壮之气。或曰：太祖遗容有二，一丰颊美髯，蔼然可亲，五岳朝天，近不可犯，此近于后说者，盖真像也。

　　穿此殿而过，乃为陵寝，陵高十丈，平列如小山，茂草人立，并无荆棘。陵前柏林萧疏，幽渺苍古，陵外松林环绕，隔绝人寰。登陵北望鸡鸣、老君诸山，层层拥护，南望翠野平芜，三茅山在百里外，若隐若现，以风景论，此处亦良足多也。今中山先生墓，与明陵相去约三五里，丰碑华表，均足千秋。朱元璋亦不失为种种革命人物，德不孤矣。明春拟作大河南北之游，当一展观。而十数次来往金陵，均为走马看花之客，只记此寥寥数语，亦难尽新都之美。读者欲一商量六朝山水，愿订来岁之约焉。

原载1929年7月7日北平《世界日报》

二十

采石矶为长江天险之一，中流扼守，大军莫渡，今则江流绕迁，南岸沙渚，与矶相连，游人步履可登，失其倒挽狂澜之势矣。相传李白酒醉，弃舟捉月，于此蹈水而死，因之好事者于矶上构祠专供太白，于舟中遥望，见山亭水阁数处，藏掩于山石水木间，若夫月白风清，长江如练，芦花十里，作雪乱飞，则水天一色之间，当亦有人呼之欲出矣。

吴头楚尾之间，为江东八郡要地，孙吴遗迹，在在皆是。芜湖对江，有矶石，中流遥望，其大如拳，明沙浅水处，寒芦瘦柳，秋意袭人。矶上有祠，祀昭烈帝孙夫人，即今日京剧中孙尚香投江处也。矶名曰忠，似与贞烈灵祠，苦不相称。习为惯事，亦无一非之者。昔有人过此，书联云："思亲泪落吴江冷，望帝魂归蜀道难。"工稳绝伦。数百年来，艺林引为佳话，今犹悬殿上也。

原载1929年7月8日北平《世界日报》

二十一

小乔墓有二处，一在湖南岳州，一在安徽南陵，未知孰是也，某年客南陵，于南城香由寺后，得一墓茔，墓背郭而筑，前后植野竹百十竿，白杨四五树，游人披草莱前往，不胜幽郁之至。碑上大书东吴周大都督乔夫人之墓，墓旁有联曰："千年来，本贵贱同归，玉容花貌，飘零几处？昭君冢、杨妃茔、真娘墓、苏小坟，更遗此江左名姝，并向天涯留胜迹。三国时，何夫妻异葬，纸钱杯酒，浇奠谁人？筐箦露、芭蕉雨、菡萏风、梧桐叶，只藉他寺前野景，常为地主作清供。"上联拟不于伦，下联杂，殊非佳构，但其语气颇甜，故尚忆之。

原载1929年7月9日北平《世界日报》

二十二

四川之峨嵋，安徽之黄山，同以仙境名。峨嵋余不得而知之矣。黄山则地僻人稀，中多奇境，而唐宋所留道院禅宇，又处处落以太古遗痕，山外人因闻名不易至也，遂以其幽异而仙之。客有作皖浙间之游者，闻三十六峰，固无不为之神驰耳。

黄山之游，欲尽其美，必以七日。而山中多云，酿散丛林间，时作巨雨，又易阻行程，故游人入山，必挟雨具。且定十日之游，山中多庙，随处可投宿。唯除慈光寺一二寺外，僧多俗俚不可近，客来，僧尝披袈裟迎寺外，合掌问讯，作鹭鸶笑。既入其门，或具斋，或供茗，亦极殷勤之能事。所以然者，则向客索香钱或化缘也。故游山住庙，与住旅舍无异，且其价绝昂，二餐一宿，约需番饼三枚，否则秃头怒筋暴张，挥袖送客矣。

黄山之峰三十六，名色奇异，各有命意。莲花、芙蓉、桃花，取其形，以花名之也。天都、云门、始信，取其峻，以险状之也。朱砂、青鸾，取其色，直呼之也。老人、鳖鱼，取其形意名之也。

原载1929年7月11日北平《世界日报》

二十三

黄山之云，时漪郁林壑间，日蒸而散，风吹而聚，若黄梅时节，则满山常在云雾中。游人行丛莽间，虽在中午，有如将暮。及天开日朗，回视衣衫尽湿。盖人行云中，蒸汽所沾染也。有时林间叶上，作点滴声，偶扑衣襟，亦如雨点。昂首察天，又无所有。此非雨，乃云留树间，凝成水点，而坠落也。若非作深山大壑之游，安得解此奇趣。

黄山之寺，随在皆是，或居山腰，或立山顶，或临绝壁，或依石涧，山中奇景，凡尽为和尚所占有。闻僧又绝俗，见客来，唯知索钱，借山开佛店，此与沿西湖筑洋楼，同是一样煞风景事也。但山中胜迹，因僧寺既多，修饰保存，亦颇有力，不能抹煞，否则玷污名山，真可尽逐去之耳。

原载1929年7月12日北平《世界日报》

二十四

三十六峰之中心曰大悲顶，登其顶而望之，则千山万壑，围绕四周。高风吹过，山涛尽起。登高一呼，四方响应者，于此验之矣。抬头望天，高不盈丈，天都云门，几与天相接。尔时构一奇喻，环列各峰，有如翠柱拔地而起，天则张此白幔，覆于翠柱之上。人立大悲顶上，则坐白宫之中央也。俯视脚下，长松万株，直连青云，或倒挂，或怒张，或环旋，奇伟变幻，不可名状。松林之侧，忽然平坦，细草蒙茸，端石如镜，是曰丹台。相传为轩辕炼丹处，故人置一鼎于旁以实其说。事虽不经，而鼎确漫灭不可识，当为千百年物也。

黄山之石有二奇，一为朱砂峰之红石，一为始信峰之石笋。每夕阳西下，照见朱砂峰霞光焕彩，如朱涂火漆，令人目眩神移。求之他山，殊不可得。石笋则其尖齿齿，穿地而出，有绝似竹笋者。是否人为，不敢私言。然即人工所为，亦殊隽古可玩也。

原载1929年7月13日北平《世界日报》

二十五

天都、莲花两峰，对立而起，夹辅文殊院左右，昂首仰视，矗立云霄，每值大雨前后，两山藏云，汹涌而出，氾溢天半，直迷宇宙，既而云渐展，雨渐凝，则云波漾，有如潮起。万山之中，若开巨湖，山人号此景曰云天铺海。市井中人，意象所不能揣想其境于万一者也。

由慈光寺至文殊院，道经老人、天都二峰，老人峰不甚峻，遥望伛偻做迎人状，老态可掬，逾峰则天都峰壁立当前，前去无路，峰下有古松一株，枝柯横出，如伸巨臂。游人登天都，必经其下，是名曰迎客松，谓两面望之，松皆恋恋过客也。去此道忽窄，一径如线，横盘山腰间。胆小者至此，恒以背倚壁，蟹行而过。俯视足下，则松萝倒挂，不见平地，是曰小心坡。渡坡已，石梁横跨，始脱重险，是曰断凡桥。不必游其地，视此名色，当亦舐舌不下矣。

逾断凡桥之后，两山尖夹峙，中间一缝，缝约二尺许，仅容一人扪探而过，盖天门也。出天门，豁然开朗。山峰罗列，松杉夹道，小径通幽，可直达莲花底矣。

原载1929年7月14日北平《世界日报》

二十六

少年漂泊南北，虽至穷困，而不忘山水之好。游西湖时，与张楚萍偕日几，不谋一饱，而环湖步行，一匝，约四十里，其乐不倦。但限于资斧，亦有不克往者，黄山之游亦如是，乃半道而废，他日有缘，当订重来之约也。

原载1929年7月16日北平《世界日报》

二十七

昔人有诗曰："绝似凌云一枝笔，夜深横插水晶盘。"盖咏小孤山也。孤亦作姑，彭刚直诗："十万大军齐奏凯，彭郎夺得小姑回。"是相称已久矣。山在安庆上游一百八十里，壁立江心，四无依傍。竹木相连，绕山环植。山上有小姑庙，楼阁随山层层而上，至其巅，则小塔如锥，立树丛中，愈增此山挺拔之势。

小孤山坐东而面西，西向山势平缓，东向山势陡立，故自上流来，则见之如翠螺浮水，层次可数，自下流来，则见之如石塔沉江，摇摇将没。此处北岸为洲，南岸为山，江流来自千里，至此劈分为二，遂北湍急而南萦回。长江民船至此，一上一下，别山而行。小孤山在水中，俨如通衢中指挥车辆来往之警察也。

先伯祖父昔宦江右，岁暮归皖，至小孤山，大雪漫江，船覆坠水而死。江流急，尸不可得，故愚家人有道经小孤山者，恒备酒浆，向山而吊。某年与父游，乘长江大舢板至此。时已疏星照水，晚雾横江，小孤山沉沉，隐隐在水天一色之间，缥缈如空中楼阁。山头凉月如丸，照见江流闪闪作光，如金蛇一道，自山底漾来，其景奇诡，非诸墨所可形容。先伯祖父生前善画作诗，酒饮无量，窃叱其在天之灵，得凭轼于此，亦无憾乎？楼头少妇怕见花开矣。

原载1929年7月17日北平《世界日报》

二十八

当南九铁路未成时，由长江赴南昌，以水行经鄱阳湖为便。九江下游六十里，为湖流入江处，是曰湖口。历来用兵要地也。湖水清碧，江水黄浊，江湖两水汇合之点，有界线一条，长及数里，青黄不接，清浊判然。乘木质舟经此，人执两勺，可左手取清水，右手取浑水，颇饶趣味也。

湖口西为平洲，东为石山，此山即石钟山。苏子瞻谓山底有穴无数，风水相吞吐，遂发镗鞳之声云者，颇觉持之有理。然登石钟山，以小石与山之巨石相撞，则其声亢亢然，闭目聆之，恍如金铁之器相撞。则与山下有穴，风水相搏之处，若不相关，未知于此以外，是否另有其他理由也。

石钟山自东南绕来，其势若椅圈，湖口县倚山面水筑城，恰在椅圈中。于水面遥望，古堞青山，有唐人工笔画意。山上有楼阁数座，沿山上下，以石廊连结之，舟人指点，历历在目。小时避风口内，曾登山一游，仿佛半为古刹，半为仙阁。昔年彭玉麟督长江水师，曾驻节于此，山上楹额，多出名人手笔，惜以年事久，不能举其一二矣。

原载1929年7月18日北平《世界日报》

二十九

江南山水，名驰世界，为碧眼儿所倾倒者，西湖而外，厥唯庐山矣。五月而后，暑气渐蒸，大江南北数千里，中外之人士蝇趋蚁附，争至庐山避暑，故苍松白石，得与显贵为林，深谷流泉，且引海入斗富。古人所谓六朝云雾中藏灵迹者，今已掘发无余。公诸于世，山之幸欤？山之不幸欤？仍当问之于山中耳。

庐山胜地，游人所聚集之处，则为牯牛岭，近人以牛字不雅，简称为牯岭，唯西人译之为Cooling，较有意，义谓清凉地也。牯岭距九江四十余里，陆行者半，有汽车者半，山行者亦半。山路高三千余尺，凿石成径，沿壁为栏，处处化险为夷。然山数峰，石级数千，地高林远，身入云雾，人初不料顺此以往，有地如牯岭，高楼广厦，雕栏画栋，繁华一如城市也。

原载1929年7月19日北平《世界日报》

三十

牯岭沦为租借地，此亦为吾人国耻之一，其事有专籍，吾文可毋述。吾人经此地，见夹道浓荫，康衢如画，西人所开之马路也。楼阁连云，绿林掩映，西人建筑之别墅也。清池见底，幽花四绕，西人之游泳池也。软草如茵，翠栏低覆，西人之排球场也。石柱巍峨，钟楼高峙，西人之会议厅也。深山大谷之中，见此布置，令人惊叹。此外如电灯、如电话、如电报局、如邮局，所以利交通者，又无不备具。然识者以我之胜地，由人经营之，人愈视为乐土，我愈可耻矣。

牯岭之南，有地曰松林路，长松万株，绿荫蔽天，每值天长日午，西人士女，牵裙挽臂，群游其地，憨嬉舞蹈，大会无遮，山中故老见之，每诧为人间奇事，山灵有知，当不免有此之感矣。

我国知识阶级，以游山必居牯岭，深以为耻，遂于小天池建天一公司，莲花谷建筑新村，以此，对抗小天池西邻牯岭租界，居庐山之东北面，鄱阳湖云气空蒙，远与天接，依石闲眺，胸襟开朗，天一公司建大池旅舍于此，背山面湖，得清爽两字。居此者，晨旦而起凭栏，观湖中日出，则晨曦水雾，别有情趣。与登沿海诸山观沧海日出，又不同也。

原载1929年7月20日北平《世界日报》

三十一

去小天池北行，即为莲花谷，教育界中人，联群而至，于此建筑新村。吾游时，建筑未久，在草创中，近来或已成规矩矣。青年协会，设暑期学校于此，其建设一如城市中。读书与运动，二者并重。石壁上有刻字如斗大，为"四年五月七日之事"八字。当为居此学生所为，而后牯岭来者，皆为此语所警云。

庐山以两事垂世不朽，一曰云雾，二曰瀑布。以其奇幻不可言状，极宇宙之大观也。水行溯扬子及鄱阳湖，陆行沿南九铁路百余里外，即见群峰插天，云雨落下，渐近渐移，渐移渐变。始之视为高峰者，今则变为平谷。远之视为山黛者，近又变为苍霭。其离奇变化，非山为之也，云雾为之也。亦非纯由云雾为之也，乃游人所经水陆程途，辄易其方向为之也，苏东坡诗："不识庐山真面目,只缘身在此山中。"其实山外之不易识,尤胜于在山中也。

原载1929年7月21日北平《世界日报》

三十二

庐山潭渊无数,然者水有自来。最奇者,乃为天池山之天池,峰头自凹,劈为水槽,长约五六十尺,广亦二三十尺,虽其结构,半出人工,而水贮池中,终年不涸,亦一奇也。池中有小动物,似鲵鱼而长不盈尺,过者少见,呼为龙鱼,其实为爬虫类之一种,名曰蝾螈。江西赣州一带,所产甚多,人以此处独有,池既名天,鱼亦成龙。以吾度之,或者得自赣南,特蓄养此中耳。

与天池遥遥相对者,则莫如黄龙潭。潭在两峭壁之间,深险无似。两崖苍暗,日光不照,扶石下降及潭,苔气清晦,冷风袭人,瀑布自两山缝中,直泻入潭,潭上如在空蒙烟雨之间。天池在山峰,此则在涧底;天池开朗,此则阴晦;天池清浅,此则幽深,可谓处处相映相反矣。

原载1929年7月22日北平《世界日报》

三十三

庐山之瀑布,随处皆是,故峰巅树梢,常闻水声潺潺。以予所经，当以三叠泉为第一，青玉峡为第二，玉渊为第三，画家山水秘诀，泉分三叠，不图人间果有此境也。泉由大月山来，遥濯五老之背。其第一叠，如一幅白练，从天而下。声若洪雷，下击山石，石绝坚，水激倒射，大者如雪团，小者如甘霖，分飞四散，坠绕盘石而去。第二叠发自石下，泉经巨创，沿溪小作盘旋，更至悬崖，崖壁立数百尺，无一木一石，与水相拒，泉遂如水晶帘子一挂，下临绝地。第三叠上有曲溪引水，转折前行，水来势其猛，不受溪范，则翻腾起伏，浪花汹涌约数折，巨石当溪头，下复为崖，于是泉劈为二，如玉龙一对，下饮涧中。凡此三乐，共一千二百尺，既雄壮，亦奇诡，泉之可观，诚无有过于此者。然泉在五老峰后，披荆前往，道途绝险。非好奇之士，亦往往裹足不前进。

原载1929年7月23日北平《世界日报》

三十四

青玉峡之瀑布，完全以雄取胜。三山鼎峙，中成二涧。一水来自双剑峰，一水来自鹤鸣峰，若双方竞走，争欲到此。水不大而湍急特甚，数里外即闻沙沙之声。继而会于山口，下注为潭，即青玉峡也。距青玉峡约里许，为秀峰寺，于寺外见白虹一道，于黄岭绝顶，腾空而下，远山青色，若为画破，风木争鸟之间，若有一阵金石之声，忽断忽续，来自半天，即为瀑布之声。徐凝诗："万古常如白练飞，一条界破青山色。"即指此。东坡老以其不超脱，置之为恶诗，然今日以写实文言之，固不得非之矣。

原载1929年7月24日北平《世界日报》

三十五

玉涧之瀑，不在高，亦不在奇，而在于猛。萧山南九十九峰支流，汇于三峡涧后，斜流疾走，若不可挽，奔波里许，突遇巨石，于是倾力相撞，发巨声若洪钟。石下有潭，平坦而积水甚深，自崖上以石投潭中，其势极促。故在上面其声澎然，落下而其声又隆然。一唱一和，山谷争鸣。立崖上以石投潭中，如击金革，其声清脆可听。由此潭为涧，涧坠成潭，或浅或深，或广或狭，共以十二数，潭之平浅者，水清见底，解衣入浴，身背清流，足蹈软沙，并剪哀梨，无以喻其快适，于此小歇，足以慰跋涉之苦也。

玉涧之最末一潭，名曰金井。潭上有桥，跨两崖间，其势如半环，长可及十丈，高亦六七丈。桥为唐时所建，工程最奇，乃以山上巨石，互相嵌合，架空而成。西人游历至此，喜降级至潭，立而瞻仰，咨嗟赞叹，辄以为如此古迹，不图于山中得之。立桥上凭栏俯视，目眩心动，不耐久注，桥曰观音桥，又曰三峡桥，盖此水一脉遥传，本来自三峡，不忘所本也。桥之左为慈航寺，右为招隐泉，宽以屋覆之，说者指为天下第六泉云。

原载1929年7月26日北平《世界日报》

三十六

庐山之水，尚有两处特点可记者，一为王右军洗墨池，一为温泉。洗墨池在归宗寺左，虽方广不过丈许，而水色黝黑，若方洗砚。掬之在手，亦复如常，大概为土色所衬托也。温泉去归宗寺亦不远，泉流坦地上，长约半里，以手试之，不可久置，泉沸处水泡滚滚如珠起。行人常于村中购鸡卵，投沸处浸之，顷刻可熟，较之北平汤山温泉，似过之无不及也。

温泉所在，为粟里之西偏。粟里，陶渊明故居也，居人皆姓陶，半耕半读，有乃祖风。访陶墓，乃不可得。于此南望，山色青翠，蔼然可亲，五柳先生所谓"采菊东篱下，悠然见南山"者，乃在是欤？

原载1929年7月27日北平《世界日报》

三十七

古人之评庐山者，谓之"博大雄奇"，仔细玩味，觉无一字虚设。而峰巅云雾，或白练一缕，横锁山腰，或雪雾层层，露一尖顶，聚散之间，横添庐山姿势。

双剑峰与香炉峰比翼而立，无限白云，自山谷出，远望如沉香蒸气，徐徐上升，已视为奇矣。然遥观五峰或如武夫怒立，或如老翁俯视，披云戴雾，相与拱揖天半，又视香炉为奇焉。五老峰以第三峰为最险，乱石嵯峨，曲折山路，回视左右四峰，怒掷而去，偃蹇而来，绵延数里，似断不断，如为人造，两峰连接处，恒通以峭壁小径，故五老似为一山，而恰能起落各自为主。向来游人称五老之胜，盖有由矣。

云雾非数高峰专有也，他处亦皆有之。据卜居牯岭者云：每值阴暗，则细雨如毫发，漫天飞舞，楼台树木，皆失所在。就岭上马路徐行，但闻前途人语，不见其影，似此，则云之浓厚，亦复可知矣。

原载1929年7月30日北平《世界日报》

三十八

庐山寺，不减于黄山，如秀峰、栖贤等五大丛林，皆建于晋唐，尤较黄山之建筑久远，然大抵丹垩剥落，殿宇倾圮，无复壮之象，而元明以后新寺，则多轮奂，吾国人，不善保守古代建筑，可见一斑。今之游山者，多往万杉寺，古木参天，山径通幽，林中雄樟数十棵，青翠拂云。当五六月花开时，香闻数里，游人所盛道者也。

万杉之樟，曰五爪樟。黄龙之杉，曰婆娑宝树，皆人所习闻者。杉共三株，高在百尺外，叶似针形，条则如柳，风舞婆娑，颇似其名，相传为晋代僧自印度移来，共十余株，今仅剩此，以时计之，已历二千余年，信为实物。庐山森林局，对此特别注意，围以木栏，以防万一，国中汉柏唐槐，于此可并称三老矣。

原载1929年7月31日北平《世界日报》

三十九

由白鹿洞至海会寺，一路回望五老、九奇诸峰，错综交织，极为奇诡，海会寺傍山而面湖，在湖山胜处，藏经阁第三层，望鄱湖烟波接天，轮舶远来，轻烟一缕，如在云际。南康城郭暧暧，在山隈水角，隐约可辨。是盖至庐山最南端矣。

庐山胜迹虽多，然山谷崎岖，荆莽载途，遨游辛苦，不如赏玩西湖之乐。居山旬日，每于赤日当空，短衣张盖，升降山上，所涉及半，即已疲病不堪。遂与同游诸子，作他年再来之约。今相别将及八年，而把握无期，际此风停叶静，长午如年，一思牯岭夏屋渠渠，有人居绿天深处，把茗临风，开窗观瀑，别有清凉世界，则不禁神驰，忘汗下之涔涔矣。

原载1929年8月2日北平《世界日报》

四十

庐山之胜，从来仅播于唐人诗歌。自宋之白鹿书院立，而庐山之名乃益著，吾人既自分亦系读书种子，则既至庐山，不能不一访白鹿洞矣。洞在五老之麓，有径可通南康大道。一路泉声树影，情景幽雅。桥跨石，名曰贯通，桥头立石坊，上书名教乐地四字，院门仿孔庙制，端庄严肃，一洗地处名胜佛家气象。入院为礼圣殿，礼门之外，配以案阶，泮池之上，贯以峻桥，万世师表之额悬中央，七十二贤之位列序，殿上祀先师像，四配十哲，分礼左右，俨然大成遗规也。礼圣殿之外，有宗儒祠，祀周、朱、陆、王及二程，有先贤祠，祀有三先生、李涉、李渤等二十余人，有邵先生祠，祀康节与二泉，祀李空同、蔡忠襄、侯广成。有朱子祠，供朱子像。祠后即白鹿洞也，洞如城门，中置一石鹿，了无他异。若在寺观，当不点缀神怪之说也。

原载1929年8月3日北平《世界日报》

四十一

书院之讲学处，昔时在会文堂。堂中颇开朗，清好无尘，而梁栋古朴，不事雕琢，不愧读书人所居。堂外有敝院，不植花木，青草如茵，中蓄小池如圆镜，所在尤见清爽。而屋外山林，青翠四绕，人声不到，如居绿城，朱熹有联云："鹿豕与游，物我相忘之地。泉峰交映，知仁独得之天。"在老儒眼中，确有此情形，不得认为作头巾语也。

昔年予肄业南昌农林学校，农桑科设于进贤门外，森林科则在白鹿洞书院。予因入农科，住南昌本校，森林科同学来夸匡庐之胜，每为神往。及予游白鹿洞时，森林科搬迁回本校，所遗教室及一切新建筑，多已颓废，有此好读书地，弃置不顾，令人惋惜，唯附近林木，茂盛整齐，各标以名，则学校成绩，独有存者。皖赣人士，屡有就白鹿洞院，组织匡庐大学之拟议，沧桑多变，迄未成立，将来或终得一日实现也。

原载1929年8月6日北平《世界日报》

四十二

鄱阳湖南起进贤，北至湖口，西自吴城，东抵饶州。由湖口往南昌一段，赣人谓之湖梢，盖湖面最宽处，达百八十里，梢则缩而为槽，宽不过一二十里而已。湖梢水既深，其流湍急，易生风浪，湖口、星子之间，有地曰老爷庙，两岸流沙，一白无际，波涛汹涌，如入雪海。舟行至此，多所戒备。庙在沙滩上，装点特甚，中祀一偶像，蓝脸面赤，则舟人所谓老爷是也。询其究竟，乃为一大鳖，令人哑然失笑。然舟人过此，辄于船头鸣锣焚纸，杀鸡滴血，叩头为烧。且相语戒云蓝字，素嗜鳖者，无不惴惴焉，甚至预造所乘舟之模型，帆索具备，若小儿玩物，至此，即泊岸献诸庙中，故庙中尺许小舟，不下千百。自轮船通后，首破此恶习，鳖亦无如人何？近据赣人云：江西省政府，已毁此庙矣。

八九月之间，秋涨已过，芦花浅水，洲屿杂出。湖水就其深处，分为港汊无数。舟行港中，穷通曲折，如航小河。野菱索蔓水面，恒平数里，舟人伏舷上，一手牵蔓，一手取菱实，顷刻可以盈筐。又湖汊随处有丈许小渔舟，隐于芦中，见舟过，渔人辄于芦中探头相问，要鱼么？据父老言，二十年前，湖中鱼有卖三文一斤者，即近年，每斤亦不过卖四五十文，合之银价，才二三分耳。水产之丰，可想见矣。

赣江入湖之处，有大镇曰吴城镇，合樟树、景德、河口，为江西四大镇之一。背面而湖，有巨阁立于镇头，曰望湖亭，登亭远眺，四周皆水，帆船进出，如示股掌。昔周瑜在鄱阳湖练水军，于此设帅台，盖古时练水军最扼要地也。

原载1929年8月7日北平《世界日报》

四十三

由南昌至饶州，必穿湖而过，秋夏水涨，面积过宽，渡湖者，恒作数日之准备。俟风日清平，然后尽一日之力，由康山渡湖尾，沿湖岸而行。唯值顺风，则放舟直过，亦属恒事。故渡湖有一日而了者，有旬日而不了者，全以天气为转移也。五六月之间，黄梅雨期方过，夏涨骤至，湖水接天。舟行入湖，四无涯际，稍南行，则康山青青一发，如浮水面。凭栏偶瞩，不觉涔涔汗下。山有庙祀朱洪武。相传洪武破陈友谅时，陈登山远望，见湖中野鸭成群，以为朱之水军大至，弃康山而遁。语虽不经，可想湖上闲眺，极迷离惝恍之致也。

原载1929年8月8日北平《世界日报》

山城回忆录

上下难分屋是楼

重庆以山为城，街道时高踞峰巅，亦复深陷崖下。人家因地势构屋，上楼阁，下地室，以求其平衡。设大门在崖下，则逐步登楼，其绝顶乃为后街之平屋。反之，大门在峰巅，望之，平房也。入其居，变为楼，逐次下梯，上愈有，可至六七层，行来，以为入地下矣，启扉视之，反而临平地，回视初入之平房，则为七八层高楼焉。是境至奇，非身莅者不能道。且其屋建筑不坚，上焉者以砖方砌为柱，以竹片夹壁上，糊泥灰，中空，宛然钢骨水泥墙也。下焉者以竹木支架，其中不用一钉专以竹经，谓之为捆绑房子，行一步而全楼震撼。南纪门江岸，如此建筑甚多。见者危之，而居民哭笑生老于斯，晏如也。

原载1947年4月27日北平《新民报》

出门无处不爬坡

幼读李白蜀道难诗，闭目沉思，深疑难险不可想象。实则其苦在难，而不在险。盖川中山地，取石至易，大道小径，均叠长石为坡，无险不可登，唯丘陵起伏，往往十里短途，上下石坡数千级，令人气喘耳。重庆半岛无半里见方之平原，出门即须升或降。下半城与上半城，一高踞而一俯伏。欲求安步，一望之距，须道数里。若抄捷径，则当效蜀人所谓"爬坡"。沿扬子江岸由望龙门上溯菜园坝，逐段有坡可爬。知十八梯，修奇门，神仙洞，均坡中之最陡者。由坡下而望坡上，行人车马，宛居天半。登则汗出气结，数十级即不可耐；降则脚跟顿动，全身震颤。渝谚固亦云"上坡气喘喘，下坡打脚捍"也。若觅代步，有滑竿与小轿。轿竹制，窄长如篓，体重者，侧身入座，滑竿以竹兜运串之篾片，人可躬卧其上。向上则二足朝天，状至可晒；抬下人如半站，几可摔出于外。体健者，均觉缓步较坐轿为佳也。居渝八年，最苦为行路一事，此仅述其百之一二耳。

原载1947年4月24日北平《新民报》

摇曳空箩下市人

在华北看小贩，无往非车；在四川看小贩，则无往非担，曰盖山崎岖，非担则不良于行。试一赶场，（江南曰赶集，山东曰赶墟）但见万头攒动中，扁杖箩筐，横冲直撞，而不见一车一马，此殊非北方市集中所能有之现象也。此项负担小贩，常黎明入市。或食物，或手工艺品，堆叠挤塞箩筐中，高与扁杖齐。午后，尽空其所有，易去路而归，此时叠其两空箩，以扁杖串箩索，荷之于肩，后步行街，为状至适。空箩于背后摇曳生姿，亦随其步履而左右，且是两空箩中，亦不全空，或以布袋置米二三升，或置肥肉一刀，或置灯草火柴数事，甚至有酒一壶。盖略获盈余，携带作一夕之享受也。

予客渝，居乡日多，每于夕阳满山，徐步小径，辄见此等下市小贩，断续回家。头额汗未干，拖其疲劳之步，而一日工作既毕，当可支足竹架床，与其家人笑语灯前，了无挂虑。回思吾人窗下十年，依然困守茅舍，日夕焦虑米价，对之有惭色矣。

原载1947年4月27日北平《新民报》

不堪风雨吊楼居

川东多竹，故构屋不乏以竹制。重庆又少坦地，故构屋又不乏制之吊楼。吊楼之形，外看如屋，唯仅半面有基，勉强立平地。其后半栋，则伸诸崖外。崖下立巨竹，依石坡上下，倚斜以为柱。在屋后视之，俨然一楼也。

吊楼下空，量求其轻，故除顶上盖薄瓦外，墙以竹片编织之，里外糊泥，再涂以石灰。壁上有窗，以薄木为框，嵌置其中。壁亦有夹层者，意不在防风雨，备盗也。吊楼前半，系土地，与平房无别，后半则敷黄色木板，颇似民间草台。履其上，吱咯有声，震撼如屋前落叶。楼外有作栏者，依之远眺，飘然欲仙，此非谓情绪，乃谓行动。好友张友鸾，即建一楼于重庆之大田，且易瓦而草。其书房之小，仅容一桌一椅，更又一几，来三客，则立其一，又其一，则掩门而始得凳而坐。张自嘲，题之曰惨庐焉。

此项吊楼，非扬子江以北所能建，亦非门以外所能建，何则？五分钟风雨，即粉碎矣。北平不尝有路祭棚乎？较之犹健且美也。

原载1947年4月30日北平《新民报》

夜半呼声炒米糖

客有稍住春明门内者，对硬面饽饽呼声，必有其深刻印象。若求其仿似声于重庆，则炒米糖开水是已。此类小贩，其负担至者，左提一壶，右携一筐，筐上置小灯，其事遂毕。或荷小扁杖，前壶而后筐，手提八方寸立体之玻璃罩油灯，亦尽乃事。壶多有胆，内燃火炭，其火待死，作紫色，仅有微温，水沸与否，天知之矣。筐中有粗碗，有竹箸，有纸包之炒米糖块。食时，以米糖碎置碗内，提壶水冲之，即可以箸挑食。糖殊不佳，亦复不甜，温水中不溶化其味可知也。

虽然，吆唤其声之情调，乃诗意充沛，至为凄凉。每于夜深，大街人静，万籁无声，陋巷中电灯惨白，人家尽闭门户，而"炒米糖开水"之声，漫声遥播，由夜空中传来。尤其将明未明，宿雾弥漫，晚风拂户，境至凄然。于是而闻此不绝如缕之呼声，较之寒山夜钟声更为不耐也。

原载1947年5月3日北平《新民报》

安步胜车

山城多坡，马路亦鲜半里平坦者，设不轿而车，深令人感觉上下艰难。如其上也，人力车夫身躬如落汤之虾，颅与车把，俯伏及地，轮如胶粘，作蜗牛之移动。渝地泥质油滑，且多阴雨，每经此途，见车夫喘气如待毙之牛马，设有人心，实不忍端坐车上也。反之，车疾驰下滑，轮转如飞，车夫势处建瓴，不能控制其车，则高提车把于肩，全车斗上仰，客则卧而行，几可摔出车外。及地形稍坦，车夫如行舟已出三峡，重庆更生。扶把缓步，暂舒其疲劳。在车中客，头足齐仰，势同元宝，其滋味可想象之矣，古语有之，安步当车，而重庆谓为安步胜车焉。

原载1947年5月6日北平《新民报》

望龙门缆车

八年抗战，夔门内，江边小城，一跃而为现代化都市。轰炸之余，登山俯瞰，见栉次鳞比，万家重叠，大江双合，船舶蚁聚。固有感中华民族之有朝性，究非一蹶不振矣。重庆交通工具之最摩登者，为望龙门缆车。是地由林森路陡坡直下江干，石砌数百级，若以南京中山陵，北平北海白塔计之，固犹未及其高度。当缆车未兴时，客由南岸龙门浩来，舍船登岸，伛偻俯进，不可仰视，拾级既毕，通体汗下。当年家住南岸，无不以为苦也。

缆车成后，颇减行旅之苦。车较公共汽车具体而微，无论，坐椅横列，约可乘二十客。车以钢链系之，置于陡坡之两端，坡上置双轨，车顺轨滑溜而下。行时，全车如辘轳之汲水，此降则彼升。唯客座仰视，降则人同倒退耳。因此，下降者多不愿乘车，票房营业，遂高低异趣。

国内原无缆车，十年前，庐山欲建之，议未成而战事起。故吾国缆车史，重庆望龙门乃居第一页矣。

原载1947年5月8日北平《新民报》

茶肆卧饮之趣

古人茶经茶言，谓茶出蜀。然吾人至渝，殊不得好茶。普通饮料，为滇来之沱茶，此外则香片。原所谓香片，殊异北平所饮，叶极粗，略有一二焦花，转不如沱茶之有苦味也。虽然，渝人上茶馆则有特嗜，晨昏两次，大小茶馆，均满坑满谷。粗桌一，板凳四，群客围坐，各于其前置盖碗所泡之沱茶一，议论纷纭，喧哗于户外。间有卖瓜子花生香烟小贩，点缀其间，如是而已。

但较小茶肆，颇有闲趣，例于屋之四周，排列支架之卧椅。椅以数根木棍支之，或蒙以布面，或串以竹片，客来，各踞一榻，虽卧而饮之，以椅旁例夹一矮几也。草草劳人，日为平价米所苦，遑论娱乐？工作之余，邀两三好友，觅僻静地区之小茶馆，购狗屁牌一盘，泡茶数碗，支足，仰卧椅上，闲谈上下古今事，所费有限，亦足销费二三小时。间数日不知肉味，偶遇牙祭，乃得饱啖油大（打牙祭、油大，均川语）。腹便便，转思有以消化，于是亟趋小茶馆，大呼沱茶来。此时，闲啜数口，较真正龙井有味多多也。尤其郊外式之小茶馆，仅有桌凳四五，而于屋檐下置卧椅两排，颇似北平之雨来，仰视雾空，微风拂面，平林小谷，环绕四周，辄与其中，时得佳趣，八年中抗战生活，特足提笔大书者也。

原载1947年5月10日北平《新民报》

机器水供应站

自来水一名词，疑来自日本，如自来火，自来笔之类是也。重庆对此名词则不引用，谓之为机器水。下江人乍闻之，颇觉别致。顾细思自来二字，于理欠通，则毋宁取机器二字为愈矣。

战前，渝市仅四十万人口，机器水逾额供应，初不虑匮乏。及二十七年，一跃而达百万人，水乃不敷饮用。加之爆炸频仍，电力时断，水量则差缺益多。渝又为山城，下江汲水，负担而上，登坡数百级，市民之需机器水益急。

且除大机关与工厂，无自设水管者。故百万市民，均仰给于机器水之供应站。站例设长管二，置龙头十余，以二三人董其事。需水者各雇水夫，鸡鸣而起，排班置扁杖木桶于站外，依次而进。进时，置桶与扁杖之两端，以桶就饮龙头下，一盈，更以另一桶承之。两桶俱盈，尚未移步，而其后之候缺者，已蹴踵而上矣。七八年来，渝市机器水站前之担桶拥挤，始终如一，别山城二年，未知已改观否也？

更有一事，足以证重庆双水荒。凡街头水管，偶有破漏，管旁水坑，方圆不盈尺，而附近居民，则提壶携勺，如蝇趋蚁附，争取一掬之水。虽间或泥土掺杂，清流变色，而取之者不顾。却此一端，抗战司令台畔之八年生活，亦大有可念者矣。

原载1947年5月15日北平《新民报》

担担面

西北角人，对名词喜叠用，碗曰碗碗，桶曰桶桶，盆曰盆盆。四川虽较南，而此习相通。故担担面者，此叠字无关，以国语评之，即担儿面也。担担面约有两种，无论川人与否，皆嗜之：其一，沿街叫卖者，担前为炉与铁罐（吊子），担后则一柜，屉中分储面与抄手（馄饨）。上置瓶碟若干，满盛佐料酱醋。佐料多切成细末之物，外省人乃不能举其名。另以一小篓挂担头，置生菜于其中。每煮面熟，辄以沸水泡生菜一份加面上。所有佐料，胥加一小撮，而椒姜尤为不可少，其味鲜脆适口，吾人初至渝时，每碗仅费四五分耳。又其一，则为摊贩，或有案，或无案，就食者或立或坐，围担而食。面类较多，有炸酱（非如

北方之炸酱，乃系以猪肉煮细末为浇头），素条，红油，甜水之
分。其味埋伏汤中，乃以猪骨煮成，啜之至美。此项担担面，例
无市招，以地为名。衣冠楚楚之辈，联袂而往焉。成都人所嗜较
渝尤甚。左捧碗，右执箸，人弯腰立坦地上，挑面食之吱吱然不
以为怪。北平固好小吃，如此作风，殆鲜有也。

原载1947年5月23日北平《新民报》

排班候车

在渝八年，有一事最令人满意，即排班是。排班之最守秩序
者，又莫如候公共汽车。

渝为半岛，市中干路南北两极端由曾家岩至朝天门达十五六
华里，由曾家岩至市中心区精神堡垒亦可十里。办公人员半在市
北，购物酬酢，又在市南。若无公共汽车，雨则泥浆满天，晴则
烈日当空，无论乘人力车所费不赀，而山路崎岖，蜗牛缓步，亦
耗时过多。不得已，则群趋公共汽车矣。渝市公共汽车量最少减
至一辆，最多亦不过五十余辆，以百四十万人口，而赖此区区之
交通工具，其拥挤宁须揣想。

在民三十年后，渝市汽车站，各列有敌栏、栏端以二柱夹
一口。候车者入口扶栏，单行排立，车至，顺序而上。且栏边有
宪兵，严格执行规章。市民习之久，不以为苛，三月而去宪，半
年而去栏。而战局好转，人心安定，人民熙熙道上，而候车者亦
众。车虽能办到五分钟开一辆，而供不应求，候车班列，亦愈来

愈长，平常在二三十码，稍挤则五六十码。至三十三年，常见候车班列，长延一里。而推肩叠背，接踵而上。无一乱其行列者。苟有之，则群起而呵责，其人必为之色沮。笔者离渝之日，此习未改，颇可念也。

原载1947年6月14日北平《新民报》

山城回忆录补编

让我回忆一下

让我回忆这么一个端午：

大太阳，照着茅屋外的山草，向半空里喷着火气。厨房煮粽子的香味，由空气透过了屋角，直扑到屋子里来。窗户上的料器瓶子，供了一大把野槐子花，在极不经意的时候有一种清香送到鼻子里来；但你仔细去闻，香气又没有了。虽然除此以外，什么没有表现，但我们知道这是端午。

邻居的女儿在童发的缝里，插了一朵极大的百叶石榴花，换上洗过多水而质料上还有绿花纹的洋式夏装，光腿下穿着仿造皮鞋的布鞋，一跳一跳，吵着要上街去看龙船。这也象征了一点端午气氛。

十点多钟了，粽子还没有熟（一年只一次的山居异味），呜，呜，警报来了。关门，带孩子，背包袱，熄火，换上保护色的衣服，进防空洞，躲警报的戏，又排演一次。

人像沙丁鱼一般，拥挤在防空洞里，飞机临头的轧轧声，高射炮放射的隆隆声，炸弹爆炸的轰轰声。虽每一种声，都刺激得多了，而每个人的心却没有麻木，心房在跳，呼吸紧张，手上出冷汗，在漆黑的防空洞里，大家等着死亡！等着毁家！

三点钟了，在一声长的警报解除声中，慢慢儿的出了洞，一下看到大太阳，让人一惊，因为在洞里时，原以为是漫漫长夜呢。拖着疲乏的步子，由石板山径小路走回家，看到那幢灰黄的草屋，还在太阳下，祝福它又在炸弹下度过了一劫。一路上听到行人报告，炸了两路口，炸了上清寺，炸了化龙桥，不知是些什么人在端午节家破人亡？

到了家，小孩子们全忘了刚才的紧张，要吃粽子，要看龙船，我羡慕他们天真，脑筋里没一点忧惧悲哀的影子，我不能够，我傻瓜！

今年，又过端午了。全中国人都已成了天真的小孩，而我还不能够。傻瓜！

飞机响着过去

我和其他来自后方的人一样，喜欢报告敌人轰炸的惨酷，当我说着人的肠子挂在电线上，人肉粘在破墙上的时候，年轻的小姐，将两只白嫩的手掩着她的苹果脸蛋。手边下，就摆着一份报，一位老先生拿起报来看着；在他的老花眼镜里面，把惊异的眼光，射在报纸上。

这时，有人说：生在地球上的人类，谁不是十月怀胎生下来的？为什么拿炸弹去炸同样的人类？当一颗原子弹，落在广岛上，日本喊着"天呀！"的时候，他会省悟轰炸中国人的罪恶吗？

老人放下报，干脆地答道："不会！我由中国人本身上证明不会。在八年人家炮火压迫之下，挣扎出来了。他们……"他不说了，摘下眼镜放在桌上，把报纸也放在桌子角上，他将那抖颤的手，在报纸上重重地拍了一下。那每条刻画着辛苦纪念的皱纹，在他脸上不住闪动。他的脸上，把做祖父的慈悲相失去，泛出一点红色。不是他半白胡子巍巍地动着，让人疑心他是血气方刚的一个小伙子。

我偷看那报纸，上面有排炮，扫射，克复，溃窜，种种字样。老人胡子还在颤动。祖父动了肝火。别让他老人家得脑充血，我也不敢再说什么。

屋子里悄悄的，小姐们弯了腿坐着，牵着旗袍下襟，将雪白的牙咬了下嘴唇。小伙子们抽着书架上的书下来，又送了上去。

哄哄哄，飞机在半空上响。重庆客隔着玻璃窗向外张望，五架战斗机燕子般掠过去，他低下头，有一个回忆。回忆着挨疲劳轰炸的日子，有这样东西时，却不是自己的。

五五早起书怀

七年前的五四，我一家，几乎没炸死烧死。五五天不亮，我护送着妻儿离开重庆市区。我知道渡江不易，由七星岗倒走向两路口，取道浮图关下的山路走向菜园坝。大街上，店户闭着门，穷苦百姓，挑着行李，提着包袱，全不作声，人像水一样，向市区外流。一路脚步擦着路面声。看任何人的脸子，全是忧愁所笼罩。我惊于空袭对心理上作用之大，我知道国家抗战之苦，我更知道，这不过是一小点的空袭，若一个国家，整个被打垮了，而兵临城下，那又是什么景象。

我们在山上一看江滩上待渡的人，说什么万头攒动，像一块乌云，像一片蚂蚁。这如何能过江？万一敌机这时到了，那事真不能想像。因之我越发倒走，尽量离开市区。在坟堆的槐树林下，遇到一位挑江水的。我们花两毛钱（至少值现时一千元）要了一瓢冷水，站着互递了洗脸漱口。所有洗脸用具，是妻一条手绢，完全代表。各喝一口冷水，逆流而行，离开码头四五里，在木筏外面，有一批小船。我看四周还无抢渡的群众，我以川语高呼"我们是跳（读如条）警报的，哪个渡我们过河，我出五元钱。"这是个可惊的数目，当日可以买到五斗米。一个渔夫，懒洋洋的船篷下伸头望了我们一下。他带了笑说："再多出两元，要不要得？"我没有考虑。立刻说声："就是吗！"踏过六七十公尺的一片木筏，我们上了船。二十分钟后，我们到了南岸的沙滩上。跑了一夜警报的她，始终面如死灰，这时微微对我一笑，问："脱离危险区了吗？"我竟是把妻当了朋友，热烈地握着她的手说："我们相庆更生了。"抬头一看，一片蔚蓝色的天，悬着一轮火样的烈日。重庆在隔江山上，簇拥着千家楼阁像死去了的东西，往下沉，往下沉。天空里兀自冒着几丛烧余不尽的黑烟。对岸几片江滩，人把地全盖住了。呼唤和悲泣声，隐隐可闻。江流浩浩，无声的流去，水上已没有渡轮，偶然有一只小船过江，上面便是人堆。人堆在黄色的水面上悄悄的移。

这日子，妻正向我学诗，不知她套着那书上的成句，告诉我说："愿我有生年，不忘今日惨。"她眼圈儿一红，看了孩子，牵着我的衣服。

我恨了日本人七年，直到广岛吃原子弹，而松了这口气。七年后的五五，我和妻，相隔三四千里，纪念着这个惨痛的日子。早起，我孤独地站在院子里，有点惘然。……

老槐树上，一架航机，轰然飞过。怕听的马达声，我已不怕了，算是我获得的胜利。我惘然什么？

洞　谊

重庆防空洞，除私设外，公设者以保甲为单位，避难人入洞携证，有区域，互不侵犯。故常入洞中，所见纵非邻里，亦渐次相熟。成为友好或结眷属者，乃比比是。于是谑者创议，此项交情，超乎寻常。民间发讣闻，引用之戚友学乡寅年诸谊之外，应添一洞谊。闻者是之，引为笑谑。如甲乙初不相识，忽成友好。丙见而问之，君等何以相识？则甲乙必同声答：吾入洞谊也。

洋楼外之露尸

"一丛深色花，十户中人赋"，"朱门酒肉臭，路有冻死骨。"在这几句诗里，我们就可知道唐代长安与洛阳，是一种什么社会。唐代无穷尽的大诗家，没有肯这样客观的说。为什么？我想是因为他们本人也要或正在作官，接近了吃酒肉看牡丹花的人。

重庆，也算是现时的长安与洛阳吧？有一晚，由沙坝回来，路过化龙桥之东，冷月穿过了暗绿的槐树林，破碎的白光射在水泥人行道上。竹篱下，蒙茸的细草中，直挺的一个人睡着。叫他不应，上前一看，鼻息也无呀，是个倒路的，竹篱里是所钢骨水泥的洋楼，银色的电光，穿过了玻璃窗上的绿纱，映照着迷离的花木。一阵婉妙的歌声，飘在那倒路的上空。这是诗，这才是现实的诗料，很可以套一套白居易的调子。但我在归途中，万感交集，没想出一个字。

隔江商女对什么

重庆的歌女清唱社，将要由一家增到五家，桃色的升平粉饰，与武汉失陷、长沙大火同时并举，有人以为太不像话。其实，这是书呆子的看法。要知道歌女这项新兴艺术家，是由南京禁娼而起的。根本，她们就为了吃饭而出此。当时贤明的南京当局，就因为这个社会问题，容许她们存在。现在到了后方，不能因为抗战而不吃饭，也就不能因为抗战而不卖唱。假使歌女是不得的，当年南京何以有之？假使大家因抗战而不听歌，清唱社何以会由一变五？再说，社会问题始终还是个社会问题。今日，在重庆者，不乏南京来的明达之士。若是反对她们卖唱，她们问起来，既有今日，何必当初，又将何辞以对？

这样，与其说是社会问题，毋宁说是政治问题吧？并不开玩笑，你研究歌女事业之发达，你不去研究她的背景，那一辈子是隔靴搔痒的。一般文人，喜欢把她们比着唱玉树后庭花的隔江商女，似乎也就认为是政治问题了。写到这里，不觉想起了一副对子。若是把"隔江商女"当做上联，那么，字面不十分工整，平仄倒也合调，下联应该对个"亡国大夫"。明眼人以为如何？

穷人有谁管

来重庆有了一年，除掉临江门那次大火之后，有过一度为穷人想办法的事情而外，很少看到听到为穷人办的社会事业。有之，便是驱逐乞丐，订定车轿价，以及限令乐户搬家吧！

俗言道："人死得穷不得。"其初，不知道这是什么逻辑，直到重庆，这才明白过来。人变了路倒，可以得到公益款上几角钱的埋葬费。穷而不死这几角钱是永远想不着的。这两个月，很少在街上碰一路倒，想是一倒就抬走了之故。这却是沾了大批阔人光临的好处。因为他们讲卫生，他们怕传染，只有吩咐快快掏出那笔埋葬费了。穷人一直到死，才能给阔人一种威胁。不然，你尽管住在行都重庆，永远被遗弃在另一个角落里的。

有人说，穷人太多，是重庆社会一个大问题，现在有了社会局，必得问问这个社会问题。那么，不嫌早掀了锅盖，我替穷人先道贺了。

路旁的刺激

去中大，路过某处，见路旁新建筑的洋房，还在粉饰油漆，门上已钉着木牌子，上写刘次长，沈科长，姚科长，姚处长等字样。我情不自禁地生了一种恶劣的情绪，要向路上吐出一口酸水。

在抗战期中，一切物质上的享受，依然是官吏先占有着，这已经够了。何必这样对民众作一种富有的宣传？在办事的人，或者以为这样写明，算是预定下了，免得旁人来争租房屋。其实，中国的老百姓，都是顺民，决没有那样胆大的人，敢和次长争屋住。至多写个刘宅，沈寓，也就是以声明此屋有主。次长、科长的头衔，标在成渝公路上，这对匹夫匹妇是夸耀，对于知识分子，却是刺激。我以为那牌子大可取下。要知道天上有天，比次长更大的官，重庆还多着呢。

螃蟹每只四千元

重庆市上，有江苏阳澄湖活螃蟹出卖，每只四千元。这决不是冒充的，价钱应该是不贵。你想，四川决不会产生大螃蟹，九江以上也没有碟子大的螃蟹。这小东西纵然不是阳澄湖的，也是江苏的。螃蟹到市上，很难维持一个星期的寿命，由江苏的乡下到江苏的城市，由江苏的城市再到重庆，必是在一个星期以内，否则它是不会活的。若在十余年前，说要在重庆市上，持蟹赏菊，那是可以想像的吗？于今身居华西，可以享受华东的活螃蟹，四千元一只，实在是透值。从前杨贵妃在西安，吃广东新鲜荔枝，用八百里加紧驿马传送，诗人欣称为"一骑红尘妃子笑，世人知是荔枝来"。史家特书一笔，词家也专编一折戏，是怎样的大惊小怪？而且非帝王之家，也休想得到。于今的新鲜荔枝、螃蟹，不管你是什么人，只要你肯花四千元，就可以买一只尝新，人都可以作杨贵妃，还不是便宜事吗？

话又说回来，吃一只螃蟹谁也不会过瘾，而且一人吃不过瘾。邀这么两三位朋友，每人吃上四五只，学学刘姥姥进大观园，算算吧，一四得四，四五二十，共是六万元，就有点骇人了。

根据这一点，可知重庆人不穷，而且我们也不要怨恨着坐不到轮船东下，下江的东西，自有最快的交通工具给你送来啊！至于你没钱买下江东西，那就活该了，谁叫你没钱？至于什么人不如蟹，尤其不合逻辑；人吃螃蟹，螃蟹并没有吃人啊！

街头卖旧衣

入秋以来，城郊发生了一种新贸易，便是流浪入川的旅客，全把衣被及日用器具，摆摊出售。你如在客籍人集居的市镇去看，总会有这种现象。似乎成了一种风气了。

"秋风先瘦异乡人"。向来中国人作客，只是感到衣单，而没有觉着衣多之理。于今在西风起北雁南归的当儿，作客的人竟大批出售衣服，这虽由于高价的引诱，但出卖者还不少要体面的人，假如可以不必如此，他又何苦必须如此呢？

阴暗暗的雾罩了天空，随风吹过了十字街头，墙根下堆了一摊半新旧衣服，有两三个异乡口音的男女看守着等顾主。这是一首民歌行的题材，也是一幅很有意思的画景。

拦街一索是关城

十二月一日起，北平要禁止夜行，这让我回想到初临重庆时的一件趣事。重庆建筑怪，城墙也怪。它的城当年是顺着山势，一面横山，三面临江建起来的。因为重庆在扬子嘉陵二江之间，是个半岛。城在半岛的尾巴上，高的地方，高入云霄；低的地方，在人家下面。而且城墙和城里高低街道，混化无痕。你在城墙上走，你会认为是在街上溜达。必定等你靠着那没有拆尽的城堞，向外一望，下临深地，你才知道这是城。总而言之，城里是平的，城外是陡的。最陡的地方，有北平城五倍高。自然，下面是层层横着的街道。

说到这里还是与夜行无关，应当归入本题。十年前，重庆已经把阻碍交通的城拆了。我们民国二十七年到重庆，警察沿着旧习，十时以后，还关城门。但剩有的城门，孤零的关起，是无用的，没城墙，人家照样的来去。于是警察在城墙遗址所在，拦街横上一条草绳子，就算关了城了。我一次由小梁子回七星岗报社，到了那里十字街口街头，电灯下，一个警察道：走不到，关城了。我愕然，四望空阔，哪里有城。警察指着街心一条横索，向我说，关城了，晓不晓得？我告诉他是新闻记者，他让我通行。我跨过那横绳，算是越城而过。其实，关城云者，是禁止夜行的代名词也。诗以油之：

　　深蓝布帏石灰痕，戏里城门四手撑。事到战都还简化，拦街只要一根绳。

　　灯火巴山止夜行，拦街一索当关城。难为警察通宵守，一个人来吼一声。

注：不能走，川语谓走不到。喊叫，川语谓之吼。

临江门火灾后

重庆这地方，无论在现时，或者在将来，它都有作一个新都市的必要。而新都市成立的条件，并不是电灯电话自来水，再加上几条柏油马路，就算了事。简单的说，在市政上，至低的限度，要顾到市民的安全与健康。

这样一说，就难了。光说重庆的房子，尽管悬崖陡壁，搭屋四五层，却全是木板木架钉起来的，大风一刮，可以倒几十幢。大火一烧，可以烧千百间。在这种交通不便的都市，有这样简陋的建筑，真是燕雀处堂的生活。盖屋是人生十年百年之计，为什么这样含糊呢？

有人说：你这是"何不食肉糜"的看法。重庆人穷，你不知道吗？重庆人穷，我知道。但他们不是自古以来就穷。也不是能在小梁子、都邮街盖房的人，也穷。何以这样普遍用木板子钉屋，自骗自？

都市自然是人民集合成的。但要人民怎样作市民，却另外有个导演。市民不会作市民，像演员不会作演员，负责还小，而这个导演的人，对于一部影片的摄成，却由演员胡弄下去，那……那……他自己应该明白。

从今以后，没有砖墙的房子，应当绝对禁止建筑：穷朋友住的房子，买不起砖头，筑土墙，总不比钉木片贵多少，望导演先生，赶快设法，填补缺憾才好。不然，重庆人口一天密一天，临江门的惨剧，不难重演。而况还有空袭时间，那烧夷弹的恶魔，是更为可怕！

野菊瓶供

西南各省，乡野多野菊，丛生。叶与菊不异，花小如钱，堆叠成锦。花多黄色，状类金钱菊而细，瓣仅一二匝，心特大，占全花面积三分之二。嗅之，亦有菊香。重庆郊外，尤多此物，田沟路侧，触目皆是，人以荆棘视之，无注意者。予居南温泉山谷间，常以此物作瓶供，偶得白色者，丛集如雪。空瓶之半，杂以珊瑚子，辄以为清雅入画。珊瑚子者，予所赐名，是处人谓之红子子，其物为灌木、高二三尺，枝叶类杜鹃，惟多刺，春间开小白花，若珍珠梅，夏季结实，大如豆，入秋则红，光润如珊瑚，且每枝丛结成球，姿态颜色，远胜天竹。秋后虽落，然犹留存四五苍翠者杂红子间，情调极佳，其繁殖亦如野菊，遍山可见。予以是贱物供书案，见者皆以为化平凡作奇异。予但笑答清风明月，不用一钱买也。人生贵自适其适耳，而亦自得其乐。予现居文化古城，耳目之供，但有钱，何求不得，然其郁郁，远胜于深谷茅居时矣。每不快，辄有返求草檐板窗之志，常自问，而自不能答也。

赶场的人

在乡下住了这多年，对于赶场一事，颇有若干心得，而偶然赶一两回场，抱着冷眼旁观的态度，除了时间之外，并无顿失，而对社会心理，总会有一点新发明。

赶场的人，总是鸡鸣而起，以适合于那孳孳为利的条件；卖货的人，必然希望这一场行价陡然涨高，卖了钱，在场上醉饱而归。买货的人，又必希望所要的货，这场涌到而滞销，于是出低价去择肥而噬。总而言之，赶场的人，都抱着一种及时占便宜的心理，所以那场上挨肩叠背挤着的人，不但身体在摩擦，心理也在摩擦。

在场上茶馆屋檐下要一碗泡茶，闲闲地坐下，望着面前出汗而拥挤着的人，可以为了他们每一句话，或每一小动作，玩味得狂笑起来。然不足为外人道也。

槐荫呓语——沱茶好

"听罢笙歌樵唱好，看完花卉稻芒香"，世上真有这样的情理。何以知这？请证之于我的品茶。

我之喝茶，那是出了名的。而我喝茶，又是明清小品式的，喜欢冲淡。这只有六安瓜片，杭州明前，洞庭碧螺，最为合适。在四川九年，这可苦了我。四川是喝沱茶的，味重，色浓，对付不了。我对于吃平价米，戴起老花眼镜挑谷子，毫无难色，只有找不着淡茶，颇是窘相毕露。后来茶叶公司有湖北的淡茶输入，倒是对龙井之类，有"状似淞江之鲈"的好处。但四川茶，也并非全不合我口味。我还记得清楚，五三大轰炸这夜，在胡子昂兄家里晚饭，那一杯自制沱茶，色香味均佳，我至今每喝不忘。又逛灌口的时候，在二王庙买了两斤山上清茶，喝了一个月的舒服茶。"当时经过浑无赖，事后相思尽可怜"。我不知怎么着，有一点"怀古之幽情"了。在北平买不到好茶叶喝，你将认为是个笑话。然而我以北平土话答复你："现在吗！"前晚我亲自跑了几家茶叶店，请对付点好龙井，说什么也不行。要就是柜上卖的。回家之后，肝气上升。我几乎学了范增的撞碎玉斗。但我不像苏东坡说的"归而谋诸妇"。可是她竟仿了那话"家有斗酒，为君藏之久矣"。她把曹仲英兄早送的一块沱茶，给我熬了一壶。喝过之后，连声说过瘾。仲英兄休怪，这并不是比之于樵唱稻芒，或是"渴者易为饮"。原因是我喜欢明清小品的，而变了觉得两汉赋体的"大块文章"也很好了。

"一粟中见大千世界"，而我感到我们是一种什么的生活反映。

忆重庆碧桃

千叶桃，北平谓为碧桃，于冬春之交，饰为盆景。此花在四川，极为平常。其树高二三丈，仲春开花。共重瓣四五层，有深红，粉红，素白七八种。花开时，云霞簇拥，极为美观。

在重庆郊居时，友人澄平兄，门前有花二十余株，三五日，辄请人送一束来。其初，并赋一韵语信云：

钱君不要，送粮君不要，抗战台前苦故人，急得人发跳。门前千叶桃，近日花开早，看她白白与红红，诗意有多少？折下几枝来，送您自分晓。添得山窗幽，莫厌茅居小。高高低低供几瓶，也似红袖添香妙。红是健儿杀敌的血，白是吾人陈情表。若说会心不算遥，请您发一笑，请您收下了。

澄平兄并不能诗。信手拈来，恰成妙谛，予谢其花，尤谢其诗。予既北上，澄平兄亦赴汉，千叶桃，现在落英缤纷之候，未知谁是主人矣。

海棠溪之路

海棠溪，这是多么一个香艳的名词！但到过海棠溪的人，会为了醉心香艳名词而失望。自去冬起，这失望使人加深。一条水泥平坦的路面，可以闭了眼睛走，直达到轮渡码头。但那里不走人，走着吞汽油或酒精的怪兽。另一条小路，沿着悬岩，经过约一里路鹅卵石的江滩，才达江边。那才是每日数万人（恕我无法统计）经过的南北岸渡口。

天下过雨后，悬岩上的陡坡成了滑油山，几乎行人爬都爬不上去。岩上站着十来个幸灾乐祸者，向下看惨剧，大声调笑在滑油山上滚泥的同此圆颅方趾的人。吞汽油的怪兽，被封神榜上的人物骑着，发出呜呜的得意声，在通另一码头的水泥路上滑去。幸灾乐祸者看了那后影表示欣羡。

这里包涵一首诗，一篇小说，甚至一本很厚社会问题书本的材料。

晚香玉花下

家人在花瓶子里，和我插了一束晚香玉。便让我悠然遐思，想到了北平。当这伏天，东安市场的水果摊上，陈列着翡翠色的西瓜，美人脸色的苹果，嫩黄色的烟台梨，红绿半匀的肥城桃子，整齐堆叠，大小相间，横竹竿上，挂着成串的紫色葡萄，带了挂着的绿叶，颜色是配得极其调和。摊边一只瓷缸，清水浸着荷叶白藕和红的白的晚香玉、玉簪花。水果清芬之中，杂了一种香气。虽在舄履交错的人行道上，您依然感到这里大有诗情画意。

晚香玉上海也有，他们可就叫夜来香。这一个花名之间，可象征着双方之雅俗兴趣。半神女的大姐拿出去卖，也不像放在清水缸里之隽永，而带有都市色情姿态。正如招牌在成都那样讲求，而重庆满眼是"好吃来"与"三六九"。一个城市的文化深浅，正不必远求，在眼前就可随便诊断出来。重庆在五年来浇灌下些文化血液，掺在整缸的臭水里面，能发生什么效果？

重庆也曾有过花果铺，但立体大洋房，配上颜色电灯，彩绸窗帷，依然是上海家数，难得更俗。店主人是在以热烈的情调刺激顾客，有晚香玉陈列在那里，也比在花贩子手上的价值要贵三四倍。又是可象征到这里夺取手腕的显明而不含蓄。于是我们想到一个都市的心理建设不易，怎不苦念北平？

三六九处处　二五八家家

江苏人在重庆开小吃馆，专卖元宵（上海人谓之为汤团），汤面，馄饨三项者，例书市招为三六九。此项小吃店，极便于公教人员，生意乃极兴隆。因之元宵店遍布重庆市，三六九之市招，亦遍布重庆市。好事者因口占一联曰：处处三六九，家家二五八。下联谓麻雀牌之风盛行也。成都人闻之，笑谓此与开小吃店者用三六九市招，同一伧俗，不够幽默。或问：蓉人固以幽默见长，试问当如何出之？某君曰：就原来十字，一字不改，仅掉换一番上下而已，应当曰：三六九处处，二五八家家耳。若于三六九，二五八下之，念之作顿，则尤为神气活现。细思其言，颇有至理。

焦大流亚之言

昨日到上清寺去看朋友，听到他们邻居家里，有苍老的骂人声，其言如下：

"这小子别在我前面充大爷，我连屎渣子都瞧出他的来。当初他到咱们家来的时候，穿件灰布大褂儿，满身油渍，头发长得一尺多长，哪有人模样儿？主子念他认得两个字，让他当名传达，我就瞧着过分。后来在外面跑跑腿儿，换了一身干净衣服，就是先生了。没两年，升外账房。把川庄上的佃户，公司里的经理，一齐联络个够，我就为我们老爷发愁，不定让他搂了多少。于今又管内账房，连丫头老妈子，都成了他的人，都得听他的，干脆，这老爷让他作得啦。我这老帮子，就不服这口气。我只当老爷的奴才，我不当奴才的奴才。大家逃难逃到这山旮旯里来也该醒醒，不定哪天全完，他不要狐假虎威的找岔！"

不知其人骂谁。但因为他是一篇纯粹的北京话，颇觉有红楼焦大之风，句句听得入耳，字字记在心头。回来写在纸上，搪塞《最后关头》一天文债。

文稿千字最低血本

偶遇卖文之友，谈及物价猛涨，写稿成本太高，势将歇业，大笑之下，却是长叹。这实在不是笑话，作手艺的人，都因物价

高，消耗多，不能不涨工资，文人不是一样吗？大概不问下笔迟
速，平均每人每日可写三千字的稿子，按着这个标准，写一千字
的物资消耗，大概如下表，那就是血本。

饭两碗（一顿）	八十元
蔬菜一菜一汤	一百元（包括油盐柴炭）
纸烟五枝（中等货）	三十元
茶叶三钱（中等货）	三十元（开水在内）
房租（以一间计）	三十元（只算一日三分之一）
纸笔墨	二十元（包括信封）
邮票	六元（但快要涨价了）

这是少得无可再少的估计，约合二百九十六元，而衣鞋医
药并不在内。若养上个四口之家（不敢八口），再须添上三百元
（最少），是卖五百元一千字，就要蚀老本蚀得哭了。

陈独秀之新夫人

陈仲甫先生，名不新，而以独秀字传。先生怀宁人，住独秀
峰下，故字。先生原习举子业，幡然省悟，事革命，继更积极。
原有家庭，先生自乱之，两子均横死。而转入"托匪"期间，又
在南京入狱。文人舍思想不言，而以同出斯文惜之，故以两极端
思想之章士钊，乃肯与之作辩护人。据传闻，先生在狱时，常有
一少妇自上海来探视，历久勿辍，即先生之新夫人也。

先生来重庆，门生故旧，视为不祥物，无近之者，惟高语

罕先生伉俪，日趋左右，敬礼在师友之间。先生已六旬，慈祥照人，火候尽除。面青癯，微有髭，发斑白。身衣一旧袍。萧然步行。后往往随一少妇丰润白皙，衣蓝衫，着革履。年可二十许。或称之陈夫人，则赧然红晕于颊，而先生微笑，意殆至乐，与之言，操吴语。宴会间，先生议论纵横，畅谈文艺（先生早讳言政治思想矣），夫人则惟倾听，不插一语。以此窥之，想甚敬重夫子也。先生居家江津，穷愁死。重庆固多其故交，均若勿闻。惟段锡朋先生一人参与执绋：世态炎凉至此。先生家无担石储，更鲜儿女，新夫人近况如何，不得知。

别矣海棠溪

予乘西南公路衡渝通行车，期在三号。因修车展缓一日，凄风苦雨中，居海棠寓所二日，夜间雨雾弥漫，隔江望重庆灯火，恍然如梦。八年辛酸，万感交集。四日天明起，收拾行装，饯者云集。雨收云散，丽日涌出，旅客大欢。通车一列，本共五辆，路局因本社同人，共购票二十五张，特加开一辆以容之。以每辆适载二十五人也。百余人行李过磅，至费时，十二时方竣事。予车载同事四，少妇人七，小儿十一人，老太太二，又黄鱼二。予亦鬓发斑矣，同谓老弱专车。车载重三吨半，两旁置木板条，行李狼藉中央，前复置酒精桶三，人无插足地。故一登车，而呀声四起。予素耐艰苦，殊不为意。一时半车行。予于车壁方孔中，向车站行注目礼。回忆七年来，奔走海棠溪南温泉间，购票候车，提囊负米，或红球高挂，奔避空袭；或烈日如炉，荷伞步行，万千辛苦，此处留纪念不少。今竟别矣。在站将登车时，遇温泉一老邻，问曰："迂回呼？幸喜又比邻。"予讶其何能想象及此？则笑而漫应之。眷属窃笑，此君殊为不了汉。实则彼因极忠恕之推测。因在渝作鹧鸪啼者，何止二三十万人，彼以为迂回南泉，理应是耳。然而余竟得行，谢天谢地，复谢公路局。

夜宿綦江

车行时，得前站电话，一品场山塌路塞，前途车阻，列车停二塘两小时。三时半，车始六轮共转，因行李搁置不适当，空气阻塞，酒精味弥漫。而座位布置欠周，颠簸特甚，未及一品场，全车昏晕，呕吐之声大作，予妻几晕厥。予经海洋，任狂涛掀腾不为意，而亦目眩胃胀，不能支持。过杜市，路旁柑橘摊罗列如锦，百元可得广柑四枚，予竟无力购此贱价物。张目望车外，山峰秀媚，亦无意赏鉴。昏暗中，抵綦江站，两人摸索卸行李，即四出觅旅社，归报均未有。有数大旅社，悉为过路部队下榻。予妻已病倒，面无人色，势不能露宿。无已，商之于招待所经理。一小客厅容三榻，其二为人据。一榻，大餐桌也，上覆有简单被盖，乃以置之病妻，及二雏儿。予则于桌下得一席地，列地铺。另二雏则偕同事在甬道中席地卧。其他妇孺，悉纷纷倚人篱下，在陋屋中，作"搭桌戏"，安置妥，已不畏风雨。俟病人睡，予偕同入夜饭，勉尽一器，乃携杖作夜市巡礼，示吾尚不弱也。綦江一切为重庆最小之缩影，惟一特征，即橘柑摊遍地皆是，然其价已略昂于经过各小站矣。

由东溪到松坎

五日天未明起，张灯火在风雾中上行李。因昨日经验，乃妥布行李。司机一座，予妻以让黄老太太者也。不获已，索回。商之领车朱队长，将另一车司机台座居黄老太太，蒙慨然允。朱队长桐城人，与予为小同乡，机械化学校毕业，盖大材小用者，因以相谈甚欢，沿途乃得多协助。八时车行，雾气充沛中，见悬崖下翻车，同车为之惶然，继而烈日出，客心渐安。而空气流通，晕车者减半。十时抵东溪，车停，听客进午餐，同人多未食，予亦空腹，使胃减少消化力。东溪路上一大站，但见十轮黄幔之美式车辆，绵延如龙，罗列街檐，其所拖曳或载运者，悉为新物资，事涉军机，不便言。然于此以窥美人之助战者，已可得全豹一斑。予妹及妹婿居此，以早日得电；在站迎已三日。见吾妻，几不相识，可知其昨日之受创甚巨。未及十余分钟之谈话，车将行。天涯手足，风尘小聚，几时不见，见了还休，争如不见，殆此情也。予妻与予妹挥泪中，车已别东溪。予有戒心，先进八封丹少许，下午幸不昏晕，车沿山崖小河，循绕登黔境。黔北，山峦渐高，灌木茏葱，虽鲜丛林，而巍峨奇伟，胜于重庆附近者良多。两时半抵松坎。以有一车发电机焚毁，予车之"拨斯"亦受损，遂不复行。旅客均呼皇恩大赦，其苦可知。松坎在四山包围中，凹入一大谷，村落夹公路而列肆。除小旅馆外，均为黑木板壁之小店，车到时，适乡人赶场未散，一望白布缠头之人首，纷纷街上。但所交易，悉为微少之农作品，一切近代品或城市日用品，均缺。"人无三分银"，入其境亦可想见。以"未晚先投宿"，觅下榻地尚易。予于小旅馆三楼，得仅可容之四榻。其下为茶饭馆，坐稍定，于五时半进餐。此地猪肉甚贱，斤二百元，鱼亦贱，斤三四百元。故客饭每客四百元，有鱼肉。惟无卫生可谈，厨钩所挂鱼肉，群蝇丛集。予嘱家人，热食可也，无恐。七时就寝，居然入睡。

去年今日别巴山

去年今日（十二月二日），我开始离开七年倚居的重庆。当日冒着风雨渡江，夜宿南岸海棠溪。"海棠溪"这个名词，多么富有诗意呀！况是风雨海棠溪呢？其实那里是毫无足取的，只是重庆对江，一个公路站起点。西边一片黄草童山，护着一条水泥面路，直到江滩。东边是群乱七八糟的民房，夹着一条小街。车站旁边，两面童山，带着一片坟堆，和一些歪倒的民房，夹了一条秽水沟，在很深的土谷里，流向长江，实在找不到一点诗意。

不过这天我带家小到了海棠溪，却是悲喜交集，说不出来是一种什么滋味。我家住南温泉六年多，城乡来去，必须在海棠溪上下公共汽车，车站员工，几乎无人不熟。这次上车，变了长途，直赴贵阳。我从此离开四川，也就离开六年来去的海棠溪。久客之地，成了第二故乡，说到离开，倒有些舍不得似的。

这晚，正值斜风细雨。我走出旅馆，站在江边码头上。风吹着我的衣襟和头发，增加一种凄凉意味，满眼烟雾凄迷，看不到什么。深陷在两岸下的扬子江空荡荡的一片黑影。隔岸重庆，一家屋影不见，只是烟雨中万点灯火像堆大灯塔，向半空里层层堆起。我暗喊着梦里的重庆，从此别了。这烟雨灯火中，多少我的朋友啊。当时得诗一律：

> 壮年入蜀老来归，
> 老得生归哭笑齐。
> 八口生涯愁里过，
> 七年国事雾中迷。
> 虽逢今夜巴山雨，
> 不怕明春杜宇啼。
> 隔水战都浑似梦，
> 五更起别海棠溪。

给重庆朋友

现在是北平黄金时代开始的时候！重庆朋友，北平每一个角落，现在都充满了春色。不用多说，只要由东长安街穿过天安门，到西长安街，在三座门一带，溜上几十码路，在嫩绿色的槐树荫下，被黄瓦红墙围着，那不是置身画图里吗！

朋友，听说你们家里，已是（华氏）九十六度的温度，汗会像雨一样下吧？我们在这里，早买下的一万元一套的哔叽或拍力斯西服（现在已是二三万元了），还得在里面衬上一件羊毛背心呢，你别以能吃冰其淋而骄傲。我们能够在来今雨轩看牡丹花，照样的吃冰其淋。而且紫藤花像绣球一般开着，可以坐在藤萝架下吃藤萝饼。飞机不便带那东西，给你在纸上画一个寄了去罢。

最后，祝你们今夜得一场透雨，晚上可以盖着毯子睡觉。虽然我们还是盖着棉被。

第二辑　谈谈创作

写作生涯回忆

一　序言

　　我虽然是个很微末的人物，但我向来反对自传一类的文字。因为我看了不少的自传，除了那有些是谎言，有些也无非是一篇广告。当我在重庆过五十岁的时候，朋友们让我作自传，我婉谢了。老友张友鸾以为不可，他以为我在文坛上，多少有点影响，对这点影响，不可没有一个交代。他以和我三十年知交之深，很兴奋的提起笔来，要作《张恨水论》。这篇论他打算从我三代的历史考起，小至于我写的一首小诗，都要谈谈，这心愿不可谓不宏。可是他只写了几千字，就搁笔了，因为他太忙。我自然是一笑了之，而觉得没有交代也好。

　　说话之间，又是四个年头。我是一切云过太空。最近，我辞去了报社的工作（1948年12月12日辞去北平《新民报》工作），去年十二月十二日以后，我的生活忽然起了急遽的变化，失去了平常的生活秩序。我是个推磨的驴子，每日总得工作。除了生病或旅行，我没有工作，我就比不吃饭都难受。我是个贱命，我不欢迎假期，我也不需要长时期的休息。辞去工作后，这时感到无聊，我那矛盾的心情，似乎是吃了一碟四川的棒棒鸡，除了甜，咸酸辣苦，什么滋味都有。我于是慢慢地长思了。

人生几十年光阴，像电影似的，一幕一幕地过去。中国人形容这个速度，是"白驹过隙"，其快可知。而我这时咸酸苦辣的境地，也不过是白驹过隙中千百万分之一秒，其实也可以稍稍的忍耐，让他过去。可是我又另有一个感想，我家乡安徽人说的话，今天脱了鞋和袜，不知明日穿不穿。这个"不知"，目前是非常之明显。万一是明天不穿，趁着今天健康如牛，我是不是有些事要交代的呢？天下大事，轮不着我谈。家庭琐事，诗云："我躬不阅，遑恤我后？"我也犯不上多那些事。只是一点：写了一辈子文字，得了同情者不少，恐怕神交之多，在普通社会里，我是够在六十分以上的了。对于这神交，我还愿更结下一层更深的友谊。同时，也有人对我发生了不少的误解。举一个例，在东北和华北沦陷期间，伪造的张恨水小说，竟达四五十种之多。那里面不少是作孽的文字，把这罪过加在我身上，我太冤，我也应当辩白。于是我想到，我应当写一篇短短的文字，让孩子们抄写若干份，分寄我的好友，让他们分别为我保存。说乐观点，在我百年之后，从朋友的手里拿出我的亲笔供状来，不失人家考张恨水的一点材料。我这样想，我就要办。而家人以为这是不祥之兆，反对我这样做。虽然说不祥的有些愚昧，然而总是好意，我也就算了。

前两天到报社（北平《新民报》），和同人谈起。同人笑说这很有趣，遗嘱式的文字，当然可以不必。不过你能对自己的写作，作一个总检讨，那还不失为有意思的事，索性你写详细一点，我们拿到报上来发表，若以留材料而论，没有比在报上发表以后可留的程度更深的。我始而考虑，这是不是违反我的素志来写自传？但同人再三的怂恿，我的意志也就动摇了，我答应改变自传方式写，作为向读者写个供状。这供状是不是撒谎？是不是自我宣传的广告？我没法子深辨，敬求读者先生的批判。文里除了必要，不提到我的生活和家庭，罗曼斯更无须提及。我只是写我由识字一直到现在。

二 我没有遇到好老师

谈我自己的写作，一定要谈我是怎样写起；就涉及我的读书经过了。我七岁整（这里讲的是虚岁，实龄应是六岁）才入蒙学，那时是前清光绪年间，当然念的是"三、百、千"（即《三字经》《百家姓》《千字文》）。我很好，念半年，就念了十三本书。你问这十三本书都是什么？我告诉你，全是《三字经》。因为就是这样糊里糊涂的念私塾。念过"上下论"（即《论语》上、下两册），念过《孟子》。我除了会和同学查注解上的对子（两行之中，两个同样的字并排列着）而外，对书上什么都不理解。有一天，先生和较大的两个学生讲书，讲的是《孟子》齐人章。我很偶然的在一旁听下去，觉得这书不也很有味吗？这简直是个故事呀。于是我对书开始找到了一点缝隙，这是九岁多的事。地点是在江西景德镇，那时，我父亲在那里做点小事。

十岁，我在南昌。在一位父执（即父亲的朋友）的家馆里念书。他有两个孩子念书，另带我和一个小孩子，四个学生，共请了一位安徽老夫子（同乡）教书。那时，有新书了。如《易字蒙求》《易字读本》之类，都带有图。我对这些带图的书，非常的感觉兴趣。先生并不曾和我们讲些什么，但看了这图，我可以略懂些书上的意义。后来我又转入一家学生较多的私塾，有大半学生读《蒙字读本》。那书共两册，是浅近的文言，而且每课有图。我虽不读，同学读着我在旁边听着，每课都印入我的脑筋，让我了解许多事。至于我自己呢，却念的是《左传》，先生应了我父亲的要求，望文随解一遍，我实在是不懂。同时，先生又为我讲《二论引端》。这是用朱注和一些浅文注解《论语》的书，但我还是不大懂。不过我另有个办法，同学念《论语》，带着白话解的，我借同学的看，我就懂了。

十一岁，我和父亲到江西新城县（现在的黎川县）去，家里请了一位同乡端木先生，教我和我的弟弟，还有一位同乡的子弟。正式开讲，我就了解所谓虚字眼了。但这并不是先生教的，还是由《四书白话解》那里看来的。这个时候，我自己有两个新发展，其一，是在由南昌到新城木船上，发现了一本《残唐演义》，我四叔正读着，把我吸引住了，我接过来看下去。我就开始读小说了。上学以后，我父亲桌上，有部洋装《红楼梦》，印得很美，我看过两页，不怎样注意。而端木先生却是个《三国》迷，他书桌上常摆一本《三国演义》。先生不来，我就偷着看，看得非常的有味。这书，帮助我长了不少的文字知识。其二，我莫名其妙的爱上了《千家诗》，要求先生教给我读诗。先生当然答应。但先生自己并不会作诗，除了教给我"山外青山楼外楼"

就是"山外青山楼外楼"而外，并无一个字的讲解。但奇怪，我竟念得很有味，莫名其妙的有味。

十一岁半，我回到安徽潜山原籍，在本乡村里读书。这个读书的环境很好，是储姓宗祠附设的圣庙。庙门口一片广场，一棵大冬青树，高入云霄，半亩圆塘，围了庙墙。庙里只有三个神龛，其余便是大厅和三面长庑，围了个花台子。我和弟弟，靠墙和窗户设下书桌。窗外是塘，塘外是树，树外是平原和大山。因为我已读过《千家诗》，对我的读书帮助不少。但先生是个老童生，一脑子八股，同学全是放牛小孩，完全和我城市的同学异趣。也唯其如此，我成了铁中铮铮了。这时，我自己有一部更好的《四书白话解》，而且有精细的图。我在图上，看懂了乘是什么八马拖的战车，我又了解了井田是怎样个地形。抄他一句成语："文思大进"。因此，半年之内，除了《礼记》，我把"五经"念完了。先生来了个"得天下英才而教育之，一乐也"。要我作八股，居然逼得我作成了"起讲"。又要我作试律诗，这就吃不消了。一个虚岁十一岁的小孩子怎么会平对仄，红对绿呢？我被先生逼得无法可治，只有拿了一部诗韵死翻。就这样填鸭式的，在半年之内，我搞懂了平仄。而对《千家诗》，也就更有味了。

这一些，可以说先生没教我，全是瞎猫碰死耗子，我胡乱碰上的。而我真正感到有味的，还是家藏的两部残本小说。一部是大字《三国演义》，一部是《希夷梦》（又名《海国春秋》），另有一部《西厢记》，我却看不懂。后来，又看到一本残的《七国演义》，就是孙庞斗智的一幕，我也深深地印在脑筋里。不过，这时，我已懂得《左传》，也把它当故事看。直到现在，我还能记得《左传》上一些字句，可以说是那故事的文字引动我的。

三　跌进小说圈

我在了解字义以前，是很不幸的，没有遇到过一个好先生。十三岁的时候，我又回到了江西，并随家回到新淦县三湖镇。那个地方，终年是满眼的绿树。一条赣江长时流着平缓而清亮的水，我家住在这平河绿树之中，对于我这个小文人，颇增加了不少的兴趣。父亲把我送到一个半经半蒙的私馆里读书（经馆是教授可以作文的学生。科举时代，得读九年经馆，才有能力去考秀才），所谓是"出就外傅"，我就住在学校里。这学校是家宗祠，橘林环绕，院子里大树参天，环境很好。先生姓萧，是个廪生，人相当的开通，对学生取放任主义，对我尤甚。我和三个同学，有一间屋子可读夜书。夜书只是念念古文，我非常的悠闲。同室有位管君，家里小说很多，不断地带来看。我在两个月之内，看完了《西游》《封神》《水浒》《列国》《五虎平西南》。而我家里，又有上半部《红楼梦》，和一部《野叟曝言》，我一股脑儿，全给它看完了。这样，使我作文减少了别字，并把虚字用得更灵活。六、七月间，先生下省考拔贡，出了十道论文给我作，我就回家了。

父亲办事的地方，是万寿宫。我白天不回家，在万寿宫的戏台侧面，要了一段看楼，自己扫抹桌子，布置了一间书房。上得楼去，叫人拔去了梯子，我用小铜炉焚好一炉香，就作起斗方小名士来。这个毒，是《聊斋》和《红楼梦》给我的。《野叟曝言》，也给了我一些影响。那时，我桌上就有一部残本《聊斋》，是套色木版精印的，批注很多，我在这批注上，懂了许多典故，又懂了许多形容笔法。例如形容一个很健美的女子，我知道"荷粉露垂，杏花烟润"，是绝好的笔法。我那书桌上，除了这部残本《聊斋》外，还有《唐诗别裁》《袁王纲鉴》《东莱博议》。上两部是我自选的，下两部是父亲要我看的。这几部书，看起来很简单，现在我仔细一想，简直就代表了我所取的文学路径。我在楼上干些什么勾当，父亲未加干涉，也很少同学找我。约莫是两个月功夫，我自己磨炼得仿《聊斋》仿《东莱博议》的笔法作文。当然，那是很幼稚的。因为用字的简练，甚至于不通。但先生出的十道论题，我全交卷了。尤其是一篇《管仲论》，交卷的时候，先生竟批改了，让父执传观。一个十三四岁的孩子，受不得这荣宠，因之引起了我的自满，自命为小才子。

这年冬，回到了南昌。父亲母亲回家乡了。留下我和弟妹，托亲戚照料。没人管我，我更妄为。我收拾了一间书房，把所有的钱，全买了小说读。第一件事，我就是把《红楼梦》读完。此外，我什么小说都读。不但读本文，而且读批注。这个习惯，倒是良好的。我在小说里，领悟了许多作文之法。十五岁的时候，家里请了一位徐先生教我。这先生是徐孺子后代，他们家传，是不应科举，不做官的。

先生很古板，没教会我什么。只是他那不考科举，不做官的作风，给了我一个很深的印象。我这时本已打进小说圈，专爱风流才子高人隐士的行为，先生又是个布衣，作了活榜样，因之我对于传统的读书做官的说法，完全加以鄙笑，一直种下我终身潦倒的根苗。小说会给我这么一个概念，我很不理解。恐怕所有读小说的人，也很少会和我这样受到影响的吧？

四　礼拜六派的坯子

十五岁的秋季，父亲因我的要求，允许我进了学堂，受新教育。因为我国文还可以，我插进大同小学三年级（毕业是四年，那时高小课程，约等于现在初中二年级）。校长周六平先生，是个维新人物。他教书的时候，常常讥笑守旧分子，而且不时的叙述满清王朝的腐败。我，也就是他讥笑的一个。我受着很大的刺激，极力向新的路上走。于是我除了买小说，也买些新书看。但这个时候的新书，能到内地去的，也无非是些《经世文篇》《新议论策选》之类。我能找到一点新知识的，还是上海的报纸。由报纸上，我知道这世界不是"四书""五经"上的世界，我也就另想到小说上那种风流才子不适宜于眼前的社会。我一跃而变为维新的少年了。但我的思想虽有变迁，我文学上的嗜好，却没有变更，我依然日夜读小说，我依然爱读风花雪月式的词章。因我由《水浒》的圣叹外书上，知道《西厢》《庄子》，是他所鉴赏的书，我又跟着看《西厢》，看《庄子》。对于《庄子》，我只领略了较浅的《盗跖》《说剑》两篇，而对整个《西厢》，却有了文学上莫大的启发，在那上面，学会了许多腾挪闪跌的文法。

十六岁半，我考进了甲种农业学校（约等于现在的专科）。论我的年岁，是不足进那时的中学的，我冒报年岁为十九岁。我在学校里，看到同学都是二十多岁的人，我私下很自傲。但是这却让我自己害了自己。除了英文，勉强可以跟得上而外，其余像代数、几何、三角、物理、化学，没有一项不赶得头脑发昏。因之，没有时间让我再去弄文学。只有假期的时候，可以看看小说而已。这时，我有两个新发现。第一，我读《儒林外史》，对于小说的描写，知道还有这样一种讽刺的手法。跟着就读了《二十年目睹之怪现状》和《官场现形记》。第二，我偶然买了一本《小说月报》看，对于翻译的短篇小说，非常的欣赏，因之，我又继续看林译小说（流行于清末民初的林纾译的小说）。在这些译品上，我知道了许多的描写法，尤其心理方面，这是中国小说所寡有的。这个时候，我读小说，已脱离了故事的消遣，而为文艺的欣赏了。因此，我另赏识了一部词章小说《花月痕》。《花月痕》的故事，对我没有什么影响，而它上面的诗词小品，以至于小说回目，我却被陶醉了。由此，我更进一步读了些传奇，如《桃花扇》《燕子笺》《牡丹亭》《长生殿》之类。我也读了四六体的《燕山外史》和古体文的《唐人说荟》。

这个阶段，我是两重人格。由学校和新书给予我的启发，我是个革命青年，我已剪了辫子。由于我所读的小说和词曲，引我成了个才子的崇拜者。这两种人格的融化，可说是民国初年礼拜六派文人的典型，不过那时礼拜六派没有发生，我也没有写作。后来二十多岁到三十岁的时候，我的思想，不会脱离这个范畴，那完全是我自己拴的牛鼻子。虽然我没有正式做过礼拜六派的文章，也没有赶上那个集团，可是后来人家说我是礼拜六派文人，也并不算十分冤枉。因为我没有开始写作以前，我已造成了这样一个坯子。

五 我的无名处女作

十七岁上半年，我已经读了几百种小说了。在亲戚朋友的家庭中，没有人不知道我是小说迷。我家里的弟弟们，和亲戚的小孩子们，有了空闲，就常常要我讲小说给他们听。我要卖弄我的腹笥，当然我也就乐于接受他们的要求。他们所爱听的，不外是神怪和武侠一类的故事。关于这一类故事，我自然俯拾即是。可是我往往随便说着，自己就加了许多的穿插进去。而且我这穿插，总是博得他们赞许的。这增加了我的兴趣，我何不由我的意思，也来写一篇小说。青年人没有顾忌，也没有谁来干涉，我就开始写我第一部小说了。

这篇小说，是为弟妹们写的，当然我就写了他们最欢迎的武侠故事。这篇小说叫什么名字，我已经忘了，反正有个侠字罢。书里的主人翁是个十四岁的小孩，力大无穷，使两柄一百八十斤的铜锤，犹如玩弄弹丸一般。他开始的一幕也就是完结的一幕，是使两柄铜锤，在庄前打虎。当然，老虎是被这小英雄征服了的。老虎完了，这小英雄也就完了。因为我写小说，以后才发现：写了两三天，拿来给他们讲解时，不到一小时就完了。我自己感到这是一个供不应求的艰巨工作。我就停止没有向下写了。

我还记得，这个稿本，是竹纸小本，约有五寸见方，我用极不工整的蝇头小楷，向白纸上填塞。有时觉得文字叙述还不够劲，我特意在里面插上两幅图画。当然，我是个中学生了，多少能画几笔。所画的那位小英雄，是什么样子，我也印象不清了，只是那两柄铜锤，却夸张地画得特别大，等于人体的二分之一。那只老虎，实在是不像，我拿给弟妹们看时，他们说像狗。这给予了我一个莫大的嘲笑，恰成了那个典"画虎类犬"了。

在这年里，我得补叙一句的，就是那位教我八股的储先生，他也来到了南昌，教我弟妹们的书。他原是教过试律诗的。他说我有诗才，劝我作诗，他可以从旁指点。对于这，我欣然从命。但他不会写作古近体，只写得五言八韵的试律。于是介绍我读了几本试律诗集，并出了几个诗题我作。我慢慢的凑，居然可以完篇。我记得在"两个黄鹂鸣翠柳"一题里，我有这样十个字："枝横长岸北，树影小桥西。"储先生给我打了密圈。后来我懂一点诗，觉得这根本不合题。但我初学作诗，确是这样胡乱堆砌的。这作风，大概维持了两三年之久。

六 躐等的进修

十八岁，我父亲提议，要我到日本去留学，但我好高骛远要到英国去。我并没有考虑到我还没有念过两册英文哩。在这个时候，我遭遇到了终身大悲剧，我父亲以三天的急病而去世了。那是民国元年秋季的事。我家完全靠我父亲手糊口吃，父亲一死，家里立刻就穷了。我母亲三十六岁居孀，下面还有五个弟妹，怎么得了呢？于是她带了我们子女，回老家潜山，靠薄田数亩过活。母亲手上没有积蓄，就再不能供给我的学费。这个打击，我实在难受，在乡下闷住了半年，只是看些旧书，又苦闷，又躁急，放下书本，整日满原野胡跑。我有一位从兄，那时在上海当小公务员，他写了一封信给我，叫我到上海去给我想办法。十九岁这年春天，我到了上海。这时，中山先生办的蒙藏垦殖学校，北移未成，设在苏州。校长是陈其美，正在招生。我因为这学校与农业相近，就前去投考。考得很容易，除了一篇国文，只有两道代数，几个理化题目。榜发，我录取了。我对此事，高兴得不得了。因为我中学没毕业，我又跳进专门了。亲友们帮忙，凑些款，让我交了学膳费，我就到苏州去读书。

垦殖学校，设在阊门外留园隔壁盛宣怀家祠里。房子又大又好，我宿舍窗外，就是花木扶疏的花园，隔壁留园的竹林，在游廊的白粉墙上，伸出绿影子来看人。这个读书环境，是我生平最好的待遇。不过我还是不幸，这学校经费不足，陈校长辞职了，是个姓仇的代理。姓仇的在北京，校务根本没人负责，学校里常常停课。而我又是个穷学生，连买纸笔的钱都没有。我怀念我的亡父，我忧虑我一家妇孺，我更看到我前进学业的渺茫，我常是站在花园里发呆。这些愁苦无从发泄，我就一发之于诗。有时，也填一两阕小令，词句无非是泪呀血呀穷病呀而已。有几个同学看到，颇为同情我，居然还结交了两个诗友呢。这里我得补叙一句话，就是在乡下半年，我自修作近体诗，并看看《白香词谱》一类的词书。

民国初年，中、大学生的国文程度都是很好的。大概也就由于他们都念过私塾的缘故。有人说，那个时候，青年的国文很好，科学却是不行。其实也不尽然，现在许多名教授，不都是那时的学生吗？不过思想上不如现代青年那样进步，那却是事实。在垦殖学校里，我实在还没有幻想到吃小说饭，我依然是个科学信徒。不过有些同学，劝我走文学这条路，并以垦殖学校前途暗淡，劝我早作良图。可是我穷得洗衣服的钱都没有，我能作什么良图呢？

七　第一次投稿

由于我穷，我也就开始自找出路。我不是喜欢看《小说月报》吗？我每月总要节省两角钱，买一期《小说月报》看。在背页的广告上，月报有征求稿件的启事，并定了每千字三元。我很大胆的，要由这里试一试。那时学校里正因闹风潮而停课。我就在理化讲堂上，偷偷的作起应征的小说来。为什么偷偷的呢？就由于怕人家笑我不自量力。这理化讲堂，是一幢小洋楼，楼下是花圃，楼外是苏州名胜留园，风景很好。我一个人坐在玻璃窗下，低头猛写。偶然抬头，看到窗外的竹木依依，远远送来一阵花香，好像象征了我的前途乐观，我就更兴奋地写。

在三日的工夫里，我写起了两个短篇，一篇是《旧新娘》，是文言的，约莫有三千字，一篇是《桃花劫》，是白话的，约四千字。前者说一对青年男女的婚姻笑史，是喜剧。后者写了一个孀妇自杀，是悲剧。稿子写好了，我又悄悄地付邮，寄去商务印书馆《小说月报》编辑部。稿子寄出去了，我也就是寄出去了而已，并没有任何被选的幻想。因为我对《小说月报》的作者，一律认为是大文豪，我太渺小了，我怎能做挤进文豪队里的梦呢？

事有出于意外，四五天后，一个商务印书馆的信封，放在我寝室的桌上。我料着是退稿，悄悄的将它拆开。奇怪，里面没有稿子，是编者恽铁樵先生的回信。信上说，稿子很好，意思尤可钦佩，容缓选载。我这一喜，几乎发了狂了。我居然可以在大杂志上写稿，我的学问一定很不错呀！我终于忍不住这阵欢喜，告诉了要好的同学，而且和恽先生通过两回信。但是我那两篇稿子，一月又一月，一年又一年，直等恽先生交出《小说月报》给沈雁冰先生的那一年，共是十个年头，也没有露脸。换句话说，是丢下字纸篓了。

这是我第一次投稿，也是我的作品第一次流产。

八　第一部长篇

垦殖学校既是自身多故，又有个政治背景，在民国二年讨袁之后，这个学校解散了，我没钱，不能作考第二个学校打算，又回了老家。我已是真正的十九岁了。找职业，我太年轻，也无援引。务农，我没有力气，这也不是中途可以插班的。那么，就在家里呆着罢。好在家里还有些旧书，老屋子空闲的又多。于是打扫了一间屋子，终日闷在那屋子里看线装书。

这屋子虽是饱经沧桑，现时还在，家乡人并已命名为"老书房"。这屋子四面是黄土砖墙，一部分糊过石灰，也多已剥落了。南面是个大直格子窗户。大部分将纸糊了，把祖父轿子上遗留下来的玻璃，正中嵌上一块，放进亮光。窗外是个小院子，满地清苔，墙上长些隐花植物瓦松，象征了屋子的年岁。而值得大书一笔的，就是这院子里，有一株老桂树。终年院子里绿荫荫的，颇足以点缀文思。这屋子里共有四五书箱书，除了经史子集各占若干卷，也有些科学书。我拥有一张赣州的广漆桌子，每日二十四小时，总有一半时间在窗下坐着。

我为什么形容这个黄土屋子详细些呢？这在我家庭，是有点教育性的。直到现在，我的子侄们，对于这书房，还有点圣地的感想。提起老书房，他们就不好意思不念书。也就由于我在这里自修自写，奠定了我毕生的职业。我看书之外，在这里就是写作了。这与其说是写作，不如说是解闷。因为乡下人的眼光，是非常势力的。他们对我这一无所成的青年，非常之瞧不起，甚至于当面加以嘲笑。我已说过，我中了才子佳人的毒，而又自负是革命青年，对于乡下人那种升官发财的勉励，我实在听不入耳。然而我又形单影只，抵敌不了众人的非难，因之我就借写作来解闷。在我书桌上，有好几个稿本，一本是诗集，一本是词集，还有若干本，却是我新写的长篇小说《青衫泪》。在这个书名上，可以知道我写的是些什么。这书是白话章回体，除了苦闷的叙述和幻想的故事，却有不少诗词小品，我简直模仿《花月痕》的套子，每回里都插些词章。

十九岁的青年，又没经过名师指点，懂得什么词章？那个时候，我爱看《随园诗话》。诗重性灵，又讲率易。我幼稚万分，偶用几个典，也无非是填海补天，耳熟能详的字句，把这种诗去学《花月痕》作者魏子安，可说初生犊儿不怕虎。至于词，更是可笑。我除读过《白香词谱》而外，名人的词，没念过五十阕。这种讲声韵辞藻的东西，我怎么会弄得好？这部小说，我共写过十七回，也没有完卷。这是由于后来读书略有进益，觉得这小说太不够水准，自己加以放弃了。

这是我第一部长篇，未完成的"大杰作"。

九　失学之后

二十岁的春天，我又独自的到了南昌。因为那里还有一些亲友呀。青年人，不能闲散。我于是挪挪扯扯，找些款子，进了一个补习学校，补习英语。我的意思，当然还是想加深功课，去考大学。但只补习了半年，经济来源断绝，把学业放弃了。那是民国四年，九、十月间，我因为有一位族兄和一位本家在汉口，搞文明新戏和小报，我冒着危险，借了一笔川资到汉口去。

我那位本家，在小报馆里当独角编辑，我去了，他倒是很欢迎，天天让我写些小稿子填空白。我寄寓在一家杂货店楼上，我和族兄住在一处，本也很无聊，天天到小报馆去混几小时，倒也无可无不可。但又有个意外，我那种小稿，居然有人看，有人说好，虽不得钱，却也聊以快意。本来在垦殖学校作诗的时候，我用了个奇怪笔名，叫"愁花恨水生"。后来我读李后主的词，有"自是人生长恨水长东"之句，我就断章取义，只用了"恨水"两个字，当年在汉口小报上写稿子，就是这样署名的。用惯了，人家要我写东西，一定就得署名"恨水"。我的本名，反而因此湮没了。名字本来是人一个记号，我也就听其自然。直到现在，许多人对我的笔名，有种种的揣测，尤其是根据《红楼梦》，女人是水做的一说，揣测的最多，其实满不是那回事。

在汉口住了几个月，毫无成就，我族兄介绍我进文明进化团演戏。这是笑话，我怎么会演话剧呢？平生没想到这件事。但主持人李君磐先生，他倒不一定要我演戏，帮助弄点宣传品，写写说明书，也就让我在团里吃碗闲饭。于是我随这个进化团到湖南常德，又到沣县。在这团里久了，所谓近朱者赤，我居然可以登台票几回小生。我还演过《卖油郎独占花魁》的主角。事后想来，简直是胡闹。

二十一岁夏季，我随进化团的人，一同到了上海。这时，有几个同乡的文字朋友，住在法租界，我就住在他们一处。那时的穷法，我不能形容，记得十月里，还没有穿夹袍子。其间我又害了一场病，脱了短夹袄，押点钱买中药吃。病好了，上海我就再也住不下去了。

十　一节流浪小史

二十一岁，冬季，我又回到了故乡，这次我下了决心，不再流浪了，又在老书房里自修下去，而我写作的兴趣，却不因之减少，也就是上面那话，拿来解闷。这时写小说，我改了方向，专写文言中篇。两个月内，我写成了两个中篇，一篇是《未婚妻》，一篇是《紫玉成烟》。这两篇都是文言的。我写好之后，也没有介意，就随便放在书箱里。同时，我作了一篇笔记，叫《楼窗零草》。此外的工夫，我都消磨在作近体诗里。

二十二岁的春天，因为我族兄在上海吃官司，我受了本家之托，到上海为他奔走一切。那时，我到苏州去了一趟，遇到了李君磐先生，他有意带个剧团到南昌去，叫我和他到南昌，是为之先容（宣传、介绍引进）。我利用了别人给我的川资，又流浪了几个月，一无所成。冬季还家。在这个时期里，我没有写什么东西，只写了一点不相干的游记而已。二十三岁的春天，友人郝耕仁，他看我穷愁潦倒，由他家故乡石牌（今安徽省潜山县石牌镇），专人写信来约我一同出游。他是个老新闻记者，那时已三十岁了。他作得一手好古文，诗也不错，并能写魏碑，我们可说是文字至交。而他又赋性倜傥不羁，这点我们也说得来。于是我就应了他的约，在安庆会面，一同东下。

到了上海，郝君有两个朋友，要他到淮安去。但谋事的前途，并无把握。而郝君却是少年盛气，不顾那些。他在上海又借了点钱，尽其所有，全买了家庭常备药。我问他什么意思？他说，要学老残，一路卖药，一路买药，专走乡间小路，由淮河北上，入山东，达济南，再浪迹燕赵。我自然是少不更事，有他这样一个老大哥引路，还怕什么的，就依了他的主张，收拾了两小提箱药品，由镇江渡江，循大路北上。郝君少年中过秀才，又当过小公务员，人世的经验，自比我多，因之我更不考虑前途的困巨。

一路行来，由仙女庙而邵伯镇，晚投旅店，郝君还是三块豆腐干，四两白酒，陶陶自乐。醉饱之余，踏月到运河堤上去，我们还临流赋诗呢。可是这晚来了个不幸的消息，前途有军事发生。店主人也是个斯文人出身，他看到我们不衫不履，情形尴尬，劝我们快回去。但是我们打算卖药作川资的，只有来的盘缠，却没去的路费，那怎么办呢？于是店主人介绍一家西药店，把我们带的成药，打折扣收买了。而且风声越来越紧，店主把我们当了祸水，只催我们走。次日傍晚，我们就搭了一只运鸭的木船前往湖口，以便天亮在那里搭小轮去上海。在这段旅程中，我毕生不能忘记，木船上鸡鸭屎腥臭难闻，蚊虫如雨。躲入船头舱里，又闷得透不出气，半夜到了一个小镇，投入草棚饭店，里面像船上统舱，全是睡铺，铺上的被子，在煤油灯下，看到其脏如抹布，那还罢了，被上竟有膏药。还没坐下呢，身上就来了好几个跳蚤。我实在受不了，和郝君站在店门外过夜。但是郝君毫不在乎，天亮了，他还在镇市上小茶馆里喝茶，要了四两白酒，一碗煮干丝，在会过酒账之后，我们身上，总共只几十枚铜元了。红日高升，小轮来到，郝君竟唱着谭派的《当锏卖马》，提了一个小包袱，含笑拉我上船。

这次旅行，我长了许多见识。而同时对郝君那乐天知命的态度，我极其钦佩。到了上海，我就写了一篇很沉痛而又幽默的长篇游记，叫《半途记》。可惜这篇稿子丢了，不然，倒是值得自己纪念的。在这次旅途中，我两人彼唱此和，作了不少诗，而和郝君的友谊，也更为加深。到了上海，我们在法租界住了几个月。我是靠郝君接济，郝君是靠朋友接济。我们在寓楼上，除了和朋友谈天，就是作诗。有时，我们也写点稿子，向报馆投了去。我们根本没有打算要稿费，都是随时乱署名字，也没有留什么成绩。不过，由此我已知道投稿入选，并非什么难事了。

十一 写作出版之始

上面这段流浪生活，我为什么写这样多呢？因为这和我的写作，是大有关系的。一来和郝君盘旋很久，练就了写快文章。二来他是个正式记者，经了这次旅行，大家收住野马的心，各入正途，我也就开始作新闻记者了。

我已不敢在上海过冬。上次几乎病死在上海，有了莫大的教训。在西风起，北雁南飞的日子，我就回故乡了。

这时，我更遭遇着乡人讥笑，以为我是一个绝对无用的青年。甚至有人说读书如读得像我一样，不如让孩子们看一辈子牛。我也不和乡人深辩，我倒是受了郝君的影响，致力古文。我家里有许多林译小说，都拿出来仔细研究一番。过了两个月，郝君也回来了。他写信告诉我，我写的那篇《未婚妻》，放在网篮里，没有带回，经朋友传观，十分赞美。有家无锡报馆（《锡报》）的编辑，把这稿子拿去了，有心约我去帮忙。同时，芜湖有家报馆（《皖江报》），要他去当总编辑。但他开春要到广东去，愿把这职位让给我。我得了这消息，十分高兴，高兴得有一份职业还在其次，而我写的小说，居然有被人专约的资格，这是我立的志愿有些前途了。于是我根据《未婚妻》那个中篇的笔法，再写了一篇《未婚夫》。

苦闷地在家里度过残年，凑了三元川资，由家乡去芜湖。工作进行得很顺利，和报馆（《皖江报》）当事人一席谈话，就约定了我当总编辑，当夜就搬进报社去住。当年内地的报纸，除了几条本埠新闻，完全是用剪刀。那家报馆剪材料的，另有专人，我的责任，是两个短评和编一版副刊。副刊本来也是剪报的。我自然不肯这样干。我自己新写了一个长篇，叫《南国相思谱》，完全是谈男女爱情的。

那时我才足二十四岁，这样的小说名字，我并没有感到过于艳丽。于今想起来倒有些言之赧然了。同时，我每日写一段小说闲评。另外我找了两个朋友的笔记，也放在副刊里连载。这个举动，在芜湖新闻界，竟是打破纪录的，于是也就引着有人投稿了。

居停的太太，喜欢看我写的小说，居停却赞美我的小说闲评。报社除供我膳宿之外，本来月给薪水八元，因为主人高兴，加了百分之五十，加为十二元。我反正没有嗜好，这时又没有家庭负担，也就安居下去。

在芜湖住了两个月，觉得很闲。而箱子里只带了一部《词学全书》，一部《唐诗十种集》，又无书可看。于是我借了多余的工夫，再写小说。我先写了一个短篇，叫《真假宝玉》，是讽刺当年演《红楼梦》老戏的，试寄到上海《民国日报》去。去后数日，编者很快来信，表示欢迎。因之，我又写了一个中篇章回，叫《小说迷魂游地府记》。也投寄《民国日报》，他们连载了将近一个月，竟引起上海文坛很大的注意。这两篇都是白话体，前者约三千字，后者约一万字。后来这两篇小说，被姚民哀收到《小说之霸王》的集子里去了。把我的写作，印在书本子里，这是第二次。第一次是民国五六年的事，那时天虚我生（当时《新自由谈》编者陈蝶仙的笔名）编《新申报》的《新自由谈》，他曾征"秋蝶诗"，限用王渔阳《秋柳》原韵。我应征作了四首，录取了一部分，载在天虚我生的《苔岑录》里面。抗战时在重庆遇到陈先生，我还谈及此事，他觉得恍然隔世了。

当年写点东西，完全是少年人好虚荣。虽然很穷，我已知道靠稿费活不了命，所以起初的稿子，根本不是由"利"字上着想得来。自己写的东西印在书上，别人看到，自己也看到，我这就很满足了。我费工夫，费纸笔，费邮票，我的目的，只是满足我的发表欲。

十二　北京的初期

这是民国八年，夏初，五四运动发生了。当然，我受着很大的刺激。就在这运动达到高潮之时，我因有点私事到上海去，亲眼看到了许多热烈的情形。因此我回到芜湖，那一颗野马尘埃的心，又颤动了，我想，我还不失求学的机会，我在芜湖这码头上住下去，什么意思呢？于是我一再的向社方请辞，要到北京去。社方因我待遇低廉，不肯让我走，拖了两三个月。

我为什么要到北京去呢？因为有几个熟人，他们都进了北大。他们进北大，并非是考取的。那是先作旁听生，经过相当的考验，就编为正式生了。这样一条捷径，我又何妨走走。自然我还是没有学杂费，但朋友们写信告诉我，可以到北京来半工半读。在这年秋季，于是我把我所有的行李当卖了，又在南京亲友那里借了十块钱，我就搭津浦车北上。到了北京，我是住在一位姓王的朋友那里，他是一个人住在会馆，而终日在黄寺办公，有时还不回来，就把他的房子让给我住。并给我介绍了一份职业，在一个驻京记者（指秦墨晒，当时为《时事新报》拍发新闻电报）办事处那里，帮助处理新闻材料。

一切都有了个安定办法了。可是所得的工薪每月只十元，仅仅够吃伙食的，我得另想办法。那时，成舍我君在《益世报》当编辑，他就介绍我到《益世报》当助理编辑，月给薪水三十元。说是助理编辑，其实是校对，我的职务，乃是看大样。后来看大样的又增加了一个人，工作减少了，月薪也减少了，减为二十五元。在驻京记者那里，工作时间，是上午九点到十二点，下午两点到六点。在《益世报》是晚间十时到天亮六时。我的休息时间，是那样零碎而不集中，我的睡眠时间，也就是片断的几小时。这样，决不让我有时间再去读书了。

这样有一年之久，《益世报》调我为天津版通讯员，薪水补足了三十元。同时，在驻京记者那里，薪水也增加到三十元，我的收入是加多了。除了伙食，实在花费不了。于是我除了每月寄一部分款子回家而外，我又有钱买书了。这时，我对词，有了更深的嗜好，买的书，也以词类为多。工作之外，我在会馆里休息，把时间都浪费在填词上。不过在新文化运动勃兴之时，这种骸骨的迷恋，实在是不值得。于是我又转了个方向去消磨工余时间，进了商务印书馆的英文补习学校。

在工作那样忙碌的时候，我还要去自修英文，朋友们也都笑说我是牛马精神。可是我也想着，我若不这样干，我形单影只的在北京，我又怎么去安排我的时间呢？也就为此，我没有写较长的文稿。到北京来的初期，可以说我完全是机械地做着新闻工作。

十三　新闻工作的苦力

在北京的第二年，芜湖有家报馆（《皖江报》），约我替他写篇小说。我就以当时安徽的自治运动，写了一个上八万字的长篇，叫作《皖江潮》。这部小说，特别地带着安徽地方色彩，在他省人看来，是会减少兴趣的。所以那篇小说在报纸上登完了，也就算了事，并无任何出版计划。但芜湖的学生，却利用了这小说里的故事，一度编为剧本，并曾公演。我的文字搬上舞台，这要算是初次了。

因为前两年，我在《民国日报》投稿的缘故，在通信上，我神交了几位上海文人。他们反正是离不开副刊或小报的，也就常有来信，约我写些散稿。可是当年上海那地方，除了几家大报馆，给稿费是没那回事。纵然特约你写稿子，那稿费也极其渺茫。那些朋友约我写稿，都曾出到两元钱一千字，其始，我也觉得不无小补，很努力地写了稿子寄去。而且化名是多多益善，以便一天刊出好几篇。然而我始终没有接到过什么稿费，至多是寄些邮票来，我也就兴味索然了。

不过在新闻工作上，我却是成日地忙。除了那个驻京记者办事处之外，我自己也担任了两份新闻专责。一份还是为天津《益世报》写通讯，一份是芜湖《工商日报》的驻京记者。由上午九点钟起，到下午五六点钟止，我少有空闲的工夫。由民国八年秋季起，到民国十年冬季止，我就是这样忙下去。其间只是十一年的旧历年，我回了一趟芜湖，探访母亲，此外没有离开北京。因为我为了弟妹们念书，已托二弟把家眷送到芜湖住家了。我是个失学青年，我知道弟妹们若再失学，那是多大的痛苦，所以我把在北京所得的薪资，大部分汇到南方去，养活这个家，也唯其如此，我成了个新闻工作的苦力，没有心情，也没有工夫再去搞什么文学。

十四　通讯文字收入甚丰

十二年，我的新闻工作，格外加忙了。在一家通讯社（北京"世界通讯社"）当总编辑，也就住在这通讯社里。那待遇是可笑的，每月只二十几元。我因为有房子住，有水电供应，所以乐于接受。不过谈起那时候的通讯社的组织，现在几乎令人不相信。一个新闻机关，没有邮电的新闻来源，也没有外勤记者。除了社长在茶余酒后，得来些道听途说的新闻而外，并无新闻稿子供给。请问，我这总编辑是怎样的当法呢？我没有那胆量天天造谣，我也不能把我所得的一点新闻，全部送给通讯社。我得了社方的谅解，只是找些内地各省来的报，改头换面，抄写几段。这自然是不忠实的。但绝对没有造谣，倒也问心无愧。干了几个月，我决计不干这闭门造车的新闻，我就搬到我自己的会馆里去住。这会馆没有什么同乡，我一个人拥有两间小屋子，倒是很舒服的。

这两三年来，天天的新闻文字，要写好几千字，笔底下是写得很滑了。只要有材料，我可以把一篇通讯处理得很好，而且没有什么废话。于是我认识了几位名记者，上海的《申报》《新闻报》都约我写通讯。这两家报馆，对于北京通讯，极肯花钱，一经取录，每篇通讯十元。材料好，写上一篇通讯，是不会费一小时以上的工夫的。我也为了人家的报酬丰厚，抱定不拆烂污主义，有材料才写，没材料决不敷衍成篇。而且写的时候，将一篇文言，总写得它十分清楚流利。于是"新""申"两报方面，信用都很好，写去的通讯，很少不登的。大概每月所得总在一二百元。那个时候的一二百元，是个相当引人羡慕的数目。至于我的署名，也不下七八个，现所记得的，就只有一个"随波"。

十五 关于《春明外史》（一）

在我生活转好的时候，我也很想减少我的工作，以便抽些工夫出来读书。可是我的家，已经由乡间转入城市，而弟妹们又都进了学校，我的负担，却逐渐的加重，自己考虑之下，工作还是减少不得。于是我到北京来读书的计划，经过三年的拖延，只得完全放弃。相反的，益发就钻进工作圈子，多做些事。这其间，我曾与成舍我君两度合作，一度是《今报》，一度是"联合通讯社"。但时间都不久，工作又停止了。最后，成君在手帕胡同办《世界晚报》，又约我和龚德柏君共同合作。起初，我们都是编新闻。副刊叫《夜光》，由余秋墨编辑。成君已知道我在南方很写过几篇小说，就要我给《夜光》写个长篇。这原是我最高兴做的事，我并没有要求任何条件，就答应了写。又由于民国初年，许多外史之类的小说，给我的印象很深，我就把我所写的小说，定名为《春明外史》。

《春明外史》，本走的是《儒林外史》《官场现形记》这条路子。但我觉得这一类社会小说犯了个共同的毛病，说完一事，又递入一事，缺乏骨干的组织。因之我写《春明外史》的起初，我就先安排下一个主角，并安排下几个陪客。这样，说些社会现象，又归到主角的故事，同时，也把主角的故事，发展到社会的现象上去。这样的写法，自然是比较吃力，不过这对读者，还有一个主角故事去摸索，趣味是浓厚些的。当然，所写的社会的现象，决不能是超现实的，若是超现实，就不是社会小说了。因之这篇稿子在《世界晚报》发表以后，读者都还觉得很熟识，说的故事中人，也就如在眼前。而这篇小说也就天天有人看。

这给予我一个很大的鼓励，更用心的向下写。余秋墨君另有专职，《夜光》只编了一个月，就转交给我了。于是我编副刊兼写小说，把《世界晚报》的新闻编辑放弃。我虽入新闻界多年了，我还是偏好文艺方面，所以在《世界晚报》所负的责任，倒是我乐于接受的。加之晚报创刊之时，我和龚君，都是为兴趣合作而来，对于前途，有个光明的希望，根本也没谈什么待遇。后来吴范寰君加入，也是如此。

这与写作好像无关，其实关系很大，因为我们决不以伙计自视，而是要共同作出一番事业的，所以副刊文字和小说，都尽了自己的能力去写。

《春明外史》除了材料为人所注意而外，另有一件事为人所喜于讨论的，就是小说回目的构制。因为我自小就是个弄词章的人，对中国许多旧小说回目的随便安顿，向来就不同意。即到了我自己写小说，我一定要把它写得美善工整些。所以每回的回目，都很经一番研究。我自己削足适履的，定了好几个原则。一、两个回目，要能包括本回小说的最高潮。二、尽量求其词华藻丽。三、取的字句和典故，一定要是浑成的，如以"夕阳无限好"对"高处不胜寒"之类。四、每回的回目，字数一样多，求其一律。五、下联必定以平声落韵。这样，每个回目的写出，倒是能博得读者推敲的。可是我自己就太苦了，往往两个回目，费去我一两个小时的工夫，还安置不妥当。因为藻丽浑成都办到了，不见得能包括小说最高潮。能包括小说最高潮，不见得天造地设的就有一副对子。这完全是"包三寸金莲求好看"的念头，后来很不愿意向下做。不过创格在前，一时又收不回来。因之这个作风，我前后保持了十年之久。但回目作得最工整的，还是《春明外史》和《金粉世家》，其他小说，我就马虎一点了。在我放弃回目制以后，很多朋友反对，我解释我吃力不讨好的缘故，朋友也就笑而释之，谓不讨好云者，这种藻丽的回目，成为礼拜六派的口实。其实礼拜六派，多是散体文言小说，堆砌的辞藻，见于文内，而不在回目内。礼拜六派，也有作章回小说的，但他们的回目，也很随便，不过，我又何必本末倒置，在回目上去下工夫呢？

十六　关于《春明外史》（二）

《春明外史》写到十三回的时候，我就作了个结束，约莫是二十万字。为什么用奇数来结束呢？这也是我故意如此。人家说十三是个不祥的数目，我偏要这样试试。不过事后想来，那又何必？文字应该到哪里结束，就在哪里结束，拖长缩短，都没有道理。这十三回作完了，本来也可以不写的，但社会小说，像《官场现形记》似的，结束了再起楼阁，也并无所谓。而《春明外史》的主角，我又没将他的行为结束，续下去更不困难，所以我又跟着写二集。在写二集的时候，许多朋友，怂恿我将第一集出版。我二弟啸空，他并愿主持发行，于是我就筹了笔款子，把书印起来。那时，我并没有多大的指望，只印了一千多本，事有出于意料的，仅仅两个月就销完了。

《春明外史》发行之后，它的范围不过北京、天津，而北京、天津，也就有了反应的批评。有人说，在五四运动之后，章回小说还可以叫座，这是奇迹。也有人说这是礼拜六派的余毒，应该予以扫除。但我对这些批评，除了予以注意，自行检讨外，并没有拿文字去回答。在五四运动之后，本来对于一切非新文艺、新形式的文字，完全予以否定了的。而章回小说，不论它的前因后果，以及它的内容如何，当时都是指为"鸳鸯蝴蝶派"。有些朋友很奇怪，我的思想，也并不太腐化，为什么甘心作"鸳鸯蝴蝶派"。而我对于这个，也没有加以回答。我想，事实最为雄辩，让事实来答复这些吧！

在写《春明外史》二集的时候，《世界晚报》又出了日报。副刊《明珠》，归我编辑。社方又要我写个长篇。因为当时有一位姓张的朋友，他对于《斩鬼传》极力推崇，劝我作一篇《新斩鬼传》。我一时兴来，就这样作了。这篇小说，虽根据老《斩鬼传》而作，但《斩鬼传》的讽刺笔法，却有些欠含蓄，我也是如此。后来这部书出版过了，沦陷期间，被上海文人删改过，更是有些走辙了。

同时，我给北京《益世报》也写了个长篇，叫《京尘幻影录》。这部书，完全是写北京官场情形的，开始我也很卖力的写，到了后来，很不容易拿着稿费，我就有些敷衍了事。但前前后后，也写了两年多，总有五十万字以上。这部书，我没有留底稿，也没有剪报。事后很想收回来重新修改，但已不能找补全份了。

这两个长篇，都是我写了《春明外史》，才被人约我写的，而我的全家，那时都到了北京，我的生活负担很重，老实说，写稿子完全为的是图利，已不是我早两年为发表欲而动笔了。所以没什么利可图的话，就鼓不起我写作的兴趣。所以这两部小说，我都认为不够尺寸。不过我对《春明外史》，要保持以往的水准，却是不拆烂污。约是一年多的时间，又写完十三回。这算是第二集。第二集的主要人物，有许多未了的公案，我又不能不跟着写第三集。在写第三集的时候，那时是吴范寰君当经理，他合并一、二集，由社方出版，销行之后，以公平的办法，给予了我的版税。在这里我必须补叙几句的，就是这几年间，我始终在世界日、晚报供职，并曾一度任日报总编辑。有道是树大招风，对《春明外史》的批评，就比以前多了。当然有一部分是对该书加以欣赏的，而极力攻击的，也在所不免。但这里有一个意外的遇合，就是提倡新文艺的《晨报》，也约我给他们写个长篇。于是我为他们写了一篇《天上人间》。《天上人间》我是用对比法写的，情、景、事我全用细腻的手法出之，自视是用心写的。因为《晨报》停刊，这篇小说没写完。后来无锡《锡报》转载，我又续了几回，中日战起，终于是不曾写完。直到去年，上海书商，还有约我写完的要求。事过境迁，我又太忙，这部书将来是否可以搞完篇，我自己还不能知道。不过以全书布局言，所差不过是十分之二三，搞完它，倒也并非艰巨工作。

十七　关于《春明外史》（三）

　　《春明外史》第三集写完的时候，大概是民国十八年，由十二年夏算起，共是七个年头，约莫是五整年多。全书告竣之后，《世界日报》又合并出版全集。共是三十九回。第一集约二十万字弱，第二集约三十万字，第三集有三十多万字，合起来共九十多万字。回目是由第一到第三十九回，每回的回目，全是十八个字，后来我把这部书的版权卖给世界书局。根据历年人家的批评，将书里的错误，加以修整，并把每回的字数，划分整齐，除了分集的办法，就是现在印行的这个样子。当然，回目也都改了。回目文字的工整，因改得太仓促，不及原样，但包括文字里的高潮，却又更恰合些。

　　《春明外史》里的人物，后来有许多人索隐，也有人当面问我，某人是否射着某人。其实小说这东西，究竟不是历史，它不必以斧敲钉，以钉入木，那样实实在在。《春明外史》的人物，不可讳言的，是当时社会上一群人影。但只是一群人影，决不是原班人马。这有个极好的证明。例如主角杨杏园这人，人家都说是我自写。可是书中的杨杏园死了，到现在我还健在。宇宙没有死人能写自传的。

　　这部书，自是我一生的力作之一。但我自视，不能认为是我的代表作。第一，我的思想，时有变迁，至少我是个不肯和时代思潮脱节的人。《春明外史》主干人物，依然带着我少年时代的才子佳人习气，少有革命精神（有也很薄弱）。第二，以几个主干人物，穿插全书，我也不妄自菲薄，是费了一番心血的。但主角的故事，前后疏落在一百万言的书里，时隐时显，究非良好办法。第三，有些地方，欠诗人敦厚之旨。换言之，有若干处，是不必要的讽刺。第四，我太着重那一段的时间性。文字自不能无时间性，但过于着重时间性，可以减少文字影响读者的力量。

在《春明外史》书写完之后，我已写了十年的长篇，在社会的人海里，多少激起一点溅沫。因此，约我写小说的人就加多起来。同时，我也结交了许多朋友。由这部书发展开来，引人注意之作，有两部书，一是《金粉世家》，一是《啼笑因缘》。为了读者容易清楚，还是用这节文字的传记体，而不走编年的路子。顺着次序，我先谈《金粉世家》，再谈关于《啼笑因缘》。

十八　《金粉世家》的背景

这是人人要问的，《金粉世家》，是指着当年北京豪门哪一家？袁？唐？孙？梁？全有些像，却又不全像。我曾干脆告诉人家，哪家也不是，哪家也是！可是到现在，还有人不肯信。但这些好事的诸公，都不能像对《春明外史》一样，加以索隐了。

我根据写《春明外史》的经验，知道以当时人，运用当时社会情形写小说，要特别加以小心。写小说的人是信手拈来，并无好恶，而人家会疑心你是有意揭发阴私的。小说就是小说，何必去惹下文字以外的枝节。所以我所取《金粉世家》的背景，完全是空中楼阁。空中楼阁，怎么能作为背景呢？再换个比喻，乃是取的海市蜃楼。海市蜃楼是个幻影，略有科学常识的人都知道，这虽然是幻影，但不是海怪或神仙布下的疑阵，它是太阳摄取的真实城市山林的影子，而在海上反映出来。那和照相的原理并无二致。明乎此，就知道《金粉世家》的背景，是间接取的事实之影，而不是直接取的事实。所以当时小说在报上发表的时候，许多富贵之家的人，尤其妇女，都拿去看看。而他们并没有感觉到这说的是谁。老实说，这也就是写小说的一种技巧。我不敢说有羚羊挂角、无迹可寻的手腕，而布局之初，实在经过一番考虑的。

有人说，《金粉世家》是当时的《红楼梦》，这自是估价太高。我也没有那样狂妄，去拟这不朽之作，而取径也各有不同。《红楼梦》虽和许多人作传，而作者的重点，却是在几个主角。而我写《金粉世家》，却是把重点放在这个家上，主角只是作个全文贯穿的人物而已。就全文命意说，我知道没有对旧家庭采取革命的手腕。在冷清秋身上，虽可以找到一些奋斗精神之处，并不够热烈。这事在我当时为文的时候，我就考虑到的。但受着故事的限制，我没法写那种超现实的事。在《金粉世家》时代（假如有的话），那些男女，除了吃喝穿逛之外，你说他会具有现在青年的意识，那是不可想象的。

小说有两个境界，一种是叙述人生，一种是幻想人生，大概我的写作，总是取径于叙述人生的。固然，幻想人生，也不一定就是超现实，如《福尔摩斯侦探案》《鲁滨逊漂流记》之类，那是有事实铺叙的幻想，并不是架空而来，但写社会小说，偏重幻想，就会让人不相信，尤其是写眼前的社会。《金粉世家》，我是由蜃楼海市上写得它像真的，我就努力向这点发展。于是那里面的教育性，只是一些事情的劝说，而未能给书中人一条奋斗的出路，这是我太老实之处。也可以说，我写着这一二百人登场的大戏，精疲力尽，已穷于指挥，更顾不到意识上的加重了。

十九　《金粉世家》的出路

《金粉世家》的重点，既然放在家上，登场人物的描写，就不能忽略哪一个人。而且人数众多，下笔也须提防性格和身份写得雷同。所以在整个小说布局之后，我列有一个人物表，不时的查阅表格，以免错误。同时，关于每个人物所发生的故事，也都极简单的注明在表格下。这是我写小说以来，第一次这样做的。起初，我也觉得有些麻烦。但写了若干回之后，自己就感到头绪纷如，不时的要去检阅旧稿，就迫得我不能不那样办。

全书的架子既然搭好，表格也填得清楚了，虽然这部书的字数，已超过一百万，但也未见得有什么难写。在我写完之后，对于这书销行的估计，我以为是在《春明外史》以下的。可是这十几年的统计，《金粉世家》的销路，却远在《春明外史》以上。这并不是比《春明外史》写得好到哪里去，而是书里的故事轻松、热闹、伤感，使社会上的小市民层看了之后，颇感到亲近有味。尤其是妇女们，最爱看这类小说。我十几年来，经过东南、西南各省，知道人家常常提到这部书。在若干应酬场上，常有女士们把书中的故事见问。这让我增加了后悔。假使我当年在书里多写点奋斗有为的情节，不是给女士们也有些帮助吗？而在现在情形中，这书是免不了给人消闲的意味居多的。

《金粉世家》在报上发表的时候，我对于每回文字长短方面，没有加意经营。有时一回长过两万字，印起书来，就嫌着太长，而和那几千字一回的，也悬殊太甚。所以在全书付印的时候，我也是经过一回修剪整理的。有了这个教训，自后我在报上陆续发表长篇，就先顾全到了这一点，借以免掉一番事后修理的工夫。一面工作，一面也就是学习。世间什么事都是这样。

把这些零碎交代过了，再总结几句。这书将来所得的批评如何，我不知道。若就这十几年的经过而论，它没有受到什么特别的奖许，也没有受到什么特别的指摘，它唯一被人所研究的，就是这些人物隐射着是谁？而在不声不响的情形下，这书的销行，在我的写作里，始终是列于一级的。它始终在那生活稳定的人家，为男女老少所传看。有少年人看，也有老年人看，这是奇怪的。记得当年这书登在报上，弟妹们是逐日念给家慈听，也是数年如一日的。这一部长篇，它出现以后，出路是这样的。以我的生活环境不同，和我思想的变迁，加上笔路的修检，以后大概不会再写这样一部书。而这样的题材，自今以后的社会，也不会再有。国家虽灾乱连年，而社会倒是进步的。

二十　《啼笑因缘》的跃出

我在北方，虽有多年的写作，而在上海所发表的，却是很少很少。上海有上海一个写作圈子，平常是不容易突入的，我也没有在这上面注意。一个偶然的机会，民国十八年，上海的新闻记者团北上，我认识了一班朋友。友人钱芥尘先生，介绍我认识《新闻报》严独鹤先生。他并在独鹤先生面前，极力推许我的小说。那时，《上海画报》（三日刊）曾转载了我的《天上人间》，独鹤先生若对我有认识，也就是这篇小说而已。他倒是没有什么考虑，就约我写一篇，而且愿意带了一部分稿子走。

我想，像《春明外史》这样的长篇，那是不适于一个初订契约的报纸的。于是我就想了这样一个并不太多的故事（明星公司拍电影，拍电影能拍出六集，这出于我始料）。稿子拿去了，并预付了一部分稿费。不过《新闻报》上正登着另一个长篇，还没有结束。直等了五个月，《啼笑因缘》才开始在上海发表。在那几年间，上海洋场章回小说，走着两条路子，一条是肉感的，一条是武侠而神怪的，《啼笑因缘》，完全和这两种不同。又除了新文艺外，那些长篇运用的对话，并不是纯粹白话。而《啼笑因缘》是以国语姿态出现的，这也不同。在这小说发表其初的几天，有人看了很觉眼生，也有人觉得描写过于琐碎。但并没有人主张不向下看。载过两回之后，所有读《新闻报》的人，都感到了兴趣，独鹤先生特意写信告诉我，请我加油。不过报社方面根据一贯的作风，怕我这里面没有豪侠人物，会对读者减少吸引力，再三的请我写两位侠客。我对于技击这类事，本来也有祖传的家话（我祖父和父亲，都有极高明的技击能力），但我自己不懂，而且也觉得是当时一种滥调，我只是勉强的将关寿峰、关秀姑两人，写了一些近乎传说的武侠行动。我觉得这并不过分神奇。但后来批评《啼笑因缘》的，就指着这些描写不现实，并认为我决不会和关寿峰这类人接触。当然，我不会和这类人接触。但若根据传说，我已经极力减少技击家的神奇性了。

在此以外，对于该书的批评，有的认为还是章回旧套，还是加以否定。有的认为章回小说到这里有些变了，还可以注意。大致的说，主张文艺革新的人，对此还认为不值一笑。温和一点的人，对该书只是就文论文，褒贬都有。至于爱好章回小说的人，自是予以同情的多。但不管怎么样，这书惹起了文坛上很大的注意，那却是事实。并有人说，如果《啼笑因缘》可以存在，那是被扬弃了的章回小说，又要返魂。我真没有料到这书会引起这样大的反应。当然我还一贯的保持缄默。我认为被批评者自己去打笔墨官司，会失掉有则改之，无则加勉的精神，而徒然扰乱了是非。不过这些批评，无论好坏，全给该书作了义务广告。《啼笑因缘》的销数，直到现在，还超过我其他作品的销数。除了国内，南洋各处私人盗印翻版的不算，我所能估计的，该书前后超过二十版。第一版是一万部，第二版是一万五千部。以后各版有四五千部的，也有两三千部的。因为书销的这样多，所以人家说起张恨水，就联想到《啼笑因缘》。

二十一　北平两部半书

《啼笑因缘》在《新闻报》发表，是由十八年到十九年。在这期间，我在北方，还有其他的写作。始而为《新晨报》写了一篇《满城风雨》，那是对于内战，加以非议的。书完了篇，后来由上海一家书局，将版权买去了。同时给《朝报》写了篇《鸡犬神仙》，因为该报不久改组，我也就中止了。倒是另有个小玩艺，后来也出了版，这却非我所料及。就是那个时候，真光电影院的文书股人，是我的朋友，他们出了一种宣传品的画报，拉我写篇小说。我就每期给他们凑写几千字，聊以塞责，书名是《银汉双星》。大概写完是十回，写完了也就完了。不知怎么落在上海书商手里，也就出了版。后来有人说，这书是伪的，这个我倒不能不承认出自我手。

二十二 《斯人记》

在写《啼笑因缘》的时候，《春明外史》完全在《世界晚报》发表完了，报馆方面，要我再写一部类似《春明外史》的东西。当然，这种题材，在北平是不难找到的。我那时又年富力强，也并不感到烦腻。老实一句话，写的时候，无论拿到多少稿费，写完了我可以拿去出版，就是一笔收入。我完全看在收入上，又给《世界晚报》写了一篇《斯人记》。

《斯人记》云者，是根据"冠盖满京华，斯人独憔悴"的意思下笔的。这书里以两个不能追随时代的男女为主角。他们都是爱好文艺者，却因为思想上不能彻底，陷于苦闷的环境中。书也就以苦闷来结束。在全书里，枝枝叶叶，仍然涉及北京的社会。但这里和《春明外史》有些不同的，就是所涉及的角色，他们大致得着婚姻圆满的结果，以反映主角的无结果。书共二十回。写完后，并没有如我预期出版，直到民国二十五年，才由《南京人报》出版，那个《南京人报》，就是我拿稿费办的。容后文再说。《斯人记》想不出什么特色。只有一点，我写的楔子，是个南曲散套。于今想起来，虽出于游戏，未免开倒车了。

二十三 《春明新史》

在民国十九年的岁首，我到东北去游历一次。事先，沈阳出版了一张《新民晚报》。主持的人，全是我的朋友。他们要我写一篇《春明新史》。我觉得《春明外史》这一路小说，一再的向下续去，实在没有意思，没有答应写。但朋友不得我的同意，却发出了预告了。我因情不可却，只好答应写。

《春明新史》的写法，自然和《春明外史》一样。但我对这书，自始就不感到兴趣，并没有像《春明外史》那样，有个预定的计划，去安置些主干人物。随意想，随意写。也许读者在故事里看到些很有趣的描写，然而我并没有费多大的精力，虽不至于敷衍成篇，我并没有对它寄予多大的期望。但我到底还是把它写完了，也是二十回。后来这书有上海某家小报转载，干脆，我就把版权卖给他们了。不久，也就出了书。

我当时也曾和上海书商说过，我的写作，应该让我自行检讨、订正，这样胡乱出书，那是不好的。而他们的答复也妙。他们说，用不着订正，你的小说，总会够水准的。其实，他们心里的话，并不是如此，乃是印出去，可以卖一笔钱就行。

二十四 世界书局的契约

这件事，是文坛上的谈话资料，小报上有人形容得神话化，说我在十几分钟内，收到了几万元稿费。跟着就向下说，我拿这钱，在北京买下了一所王府，自备了一部汽车。这简直是梦呓。中国卖文为活的人，永远不会有这样的故事发生。过去如此，将来亦无不然。故事是这样的：

这年秋天，我到了上海，小报上自有一番热闹。世界书局的赵苕狂先生，他约我和世界书局的总经理沈知方谈谈。我当然乐于访晤。第一次见于世界书局工厂，约有半小时的谈话。他问我还有什么稿子可出售的。我就告诉了他《春明外史》和《金粉世家》。而《金粉世家》，那时还有一小部分没有写完呢。他说，你这是出过版的，登过报的，不能照新写的作品算，愿意卖的话，可以出四元千字。我说，容我考量。第二次，沈君请我到"丽查"饭店吃饭，约苕狂君作陪。极力劝我把两部书卖了。据我估计，两书各有一百万字。沈君愿意一次把《春明外史》的稿费付清。条件是我把北京的纸型交给他销毁。《金粉世家》的稿费分四次付，每接到我全部四分之一的稿子，就交我一千元。我也答应了。同时，他又约我给世界书局专写四部小说，每三月交出一部。字数约是十万以上、二十万以下。稿费是每千字八元。出书不再付版税。当时我的家庭里有几笔较大的费用，马上有一笔完整的收入，于我的家庭，有莫大的好处，我也就即席答应了。问题的确解决得很快，连吃饭带谈天，不到两小时。至于十分钟成交，不但沈君一位大经理，不能那样荒唐，我也不能如此冒昧呀。

次日，赵苕狂君代送了合同来，让我签字，交出四千元支票一张。这就是小报上说我买王府的那笔款子。契约以外，赵君又约我为《红玫瑰》杂志，写一个长篇。《红玫瑰》也是世界书局出的半月刊，就由赵君主编。为了尊重介绍人，当然我也就答应了。以后我给《红玫瑰》写的是《别有天地》，是篇讽刺小说。而给世界书局的小说，我只交卷了三篇，而且拖了一年多。那三篇小说是《满江红》《落霞孤鹜》《美人恩》。上两部各三十二回，后一部二十四回。他们的稿费，倒是按约付给我的。因为我交稿子延期，稿费自然也延期，所谓数万元的巨大稿费，其实不过一万数千元，而且前后拉长了两年的日子，谈不上发财。不过在当年卖文为活的遭遇说起来，我这笔收入，实在是少有的。

二十五　加油

我由上海回来，手上大概有六七千元，的确不算少。若把那时候的现洋，折合现在的金圆券，我不讳言，那是个惊人的数目。但在当年，似乎也没有什么了不起。不过这笔钱对我的帮助，还是很大的。我把弟妹们婚嫁教育问题，解决了一部分，寒家连年所差的衣服家具，也都解决了。这在精神上，对我的写作是有益的。我虽没有作癞蛤蟆去吃天鹅肉，而想买一所王府，但我租到了一所庭院曲折，比较宽大的房子，我自己就有两间书房，而我的消遣费，也有了着落了。

听戏，看电影，吃小馆子，当年是和朋友们同具此好的。倒不等这笔钱来办。我所说的消遣，是以下三件事：一、收买旧书，尤其是中国的旧小说。二、收买小件假古董。怎么会是假古董呢？这个我和古董专家异趣。我以为反正是玩物丧志，玩真古董，几十几百买一样，是摆在那里看的，花个两三元，也是摆在那里看看，这有什么分别。而且买真的也未必不假。三、是我跑花儿厂子，四季买点好花。除了买书颇是一个不菲的开支，其余倒也无所谓。这时，我可以说是心宽体胖，可以专门写作了。这是民国二十年吧？我坐在一间特别的工作室里，两面全是花木扶疏的小院包围着。大概自上午九点多钟起，我开始写，直到下午六七点钟，才放下笔去。吃过晚饭，有时看场电影，否则又继续地写，直写到晚上十二点钟。我又不能光写而不加油，因之在登床以后，我又必拥被看一两点钟书。看的书很拉杂，文艺的，哲学的，社会科学的，我都翻翻。还有几本长期订的杂志，也都看看。我所以不被时代抛得太远，就是这点加油的工作不错，否则我永远落在民十以前的文艺思想圈子里，就不能不如朱庆余发问的话，"画眉深浅入时无"了。

我的英文，始终是为了忙，而不能耐心去自修。有时拿到一本英文杂志，意识到里面有很多精神食粮，可是我又不能消化它。于是我进修英文的思想又怦然欲动了。有朋友给我介绍一位老先生，每天可以教我半小时英文，我欣然的要聘请他。但家中人一致反对，说是八十岁学吹鼓手，来不及了。而且我的脑子也不够使的，不能再去消耗脑汁。我一松懈，这个计划就告吹了。于今还深引为憾。

这时，我读书有两个嗜好。一是考据一类的东西，一是历史。为了这两个嗜好的混和，我像苦修的和尚，发了个愿心，要作一部《中国小说史》。要写这种书，不是在北京几家大图书馆里，可以搜罗到材料的。自始中国小说的价值，就没有打入"四部""四库"的范围。这要到那些民间野史和断简残篇上去找。为此，我就得去多转旧书摊子。于是我只要有工夫就揣些钱在身上，东西南北城，四处去找破旧书店。北京是个文艺宝库，只要你肯下工夫，总不会白费力的。所以单就《水浒》而论，我就收到了七八种不同的版本。例如百二十四回本的，胡适先生说，很少，几乎是海内孤本了。我在琉璃厂买到一部，后来又在安庆买到两部，可见民间的蓄藏，很深厚的呀。又如《封神演义》，只有日本帝国图书馆，有一部刻着许仲琳著。我在宣武门小市，收到一套朱本，也刻有金陵许仲琳著字样，可惜缺了第一本，要不然，找到了原序，那简直是一宝了。这一些发掘，鼓励我作小说史的精神不少。可惜遭到"九一八"大祸，一切成了泡影。不过这对我加油一层，是很有收获的。吾衰矣，经济力量的惨落（我也不愿在纸上哭穷，只此一句为止），又不许我买书，作《中国小说史》的愿心，只有抛弃。文坛上的巨墨，有的是，我只有退让贤能了，迟早有人会写出来的。

二十六　武侠小说的我见

人有所能，有所不能，写社会小说，就写社会小说，其实不必写以外的题材的。当年我写小说写得高兴的时候，哪一类的题材，我都愿意试试。类似伶人反串的行为，我写过几篇侦探小说，在《世界日报》的小说旬刊上发表，我是一时兴到之作，现在连题目都忘记了。其次是我写过两篇武侠小说，最先一篇叫《剑胆琴心》，在北京的《新晨报》上发表的，后来《南京晚报》转载，改名叫《世外群龙传》。最后上海《金刚钻小报》拿去出版，又叫《剑胆琴心》了。

我写武侠小说，是偶然的反串，自不必走别人走的路子。所以这部《剑胆琴心》里，没有口吐白光及飞剑斩人头之事。我找了些技击书籍，作为参考，全写的是技击一类的事情。把我家传的那些口头故事，穿插在里面作了主干。当然，无论写得怎样奇怪，总不会像《封神榜》那样热闹。我又不甘示弱，于是就在奇禽异兽方面去找办法。如我描写蜀道之难，就插一段猿桥的描写。这是屡屡见于前人笔记的，而且也不违背科学。意识方面，我就抓着洪杨革命后的一点线索，把书里的技击家变为逸民。这自然比捕快捉飞贼，飞贼打捕快有意思些。可是事后想来，那究竟近乎无聊。这里的叙述怎样的就可能性上去描写，也难免架空。父老口头上的传说，那究竟是靠不住的。若说这里面也可以带些侠义精神的教育性，而这教育性，也透着落后。

我的见解如此，并不是说武侠小说不可写。若不可写，司马迁怎么也作《游侠列传》呢？但"侠以武犯禁"，在汉以前就如此，汉以后的国粹游侠，是变了质的。一部分变成秘密结社，一部分变为神道设教，再一部分变了升官发财的捷径。中国的游侠，诚然是和技击不可分的。但游侠者流，不一定个个就有高明的技击。这种趋势，在明末清初的社会里，反映得很清楚。所以在清朝中叶，那时候的武侠小说，多少还有些真实性。到了火器盛行于国内以后，技击已无所用之，游侠者流，社会每个角落，诚然还是有，而靠他一点技击本领，已不能横行江湖了。所以真要写游侠小说的话，四川的袍哥，两淮的帮会，倒真有奇奇怪怪及可歌可泣的故事。但还是那话："侠以武犯禁"，非文人可以接触，纵然可以接触，也不敢写。

往年，日本人对于中国的帮会，也很有兴趣去研究，写出文字来，却都是隔靴搔痒之谈。在国人自己，就很少为这个出专书的。因为越知道详细，越不能下笔，怕得罪了人。若以圈子外的人去描写为小说，那是会让人笑掉牙的。因之社会上真的游侠，没人会写，没人敢写，而写出来的，就全不是那么回事。

国人的武侠小说，既不敢触到秘密结社，所以写得好，不是写神道设教的那些人，就是写升官发财的那些人。而这两路人，就全不是司马迁说的朱家、郭解者流。写得不好我就也不必多说了。就以写得好而论，这在意识方面，也教作者很难下笔。小说而忽略了意识，那是没有灵魂的东西，所以我对武侠小说的主张，兜了个圈子说回来，还是不超现实的社会小说。因此，我生平就只反串了两次，而这两次都决不成功。好在是反串，不成功也无所谓。倘若真有人能写一部社会里层的游侠小说，这范围必定牵涉得很广，不但涉及军事政治，并会涉及社会经济，这要写出来，定是石破天惊、震世骇俗的大著作，岂但震撼文坛而已哉？我越想这事情越伟大，只是谢以仆病未能。

另外我有一部武侠小说，叫《中原豪侠传》，那是后若干年在《南京人报》上发表的。故事是说晚清王天纵这类人物，那是河南朋友告诉我的。这书后在重庆出版。其实这已不是纯技击小说，而是一个故事的演化。顺便附带报告于此。

二十七 忙的苦恼

在民国十九至二十年，这是我写作最忙的一个时期。其实我的家用，每月有三四百元也就够了，我也并不需要生活费，所以忙者，就是为了人情债。往往为了婉谢人家一次特约稿件，让人数月不快。所以我在可以凑付的情形下，总是给人家答应写。就以二十年开始说，当时，我给《世界日报》写完《金粉世家》，给晚报写《斯人记》，给世界书局写《满江红》和《别有天地》，给沈阳《新民报》写《黄金时代》，整理《金粉世家》旧稿分给沈阳东三省《民报》转载。而朋友们的特约，还是接踵不断，又把《黄金时代》改名为《似水流年》，让《旅行杂志》转载。我的慈母非常的心疼我，她老人家说我成了文字机器，应当减少工作。殊不知这已得罪了很多人，约不着我写稿的"南方小报"，骂得我一佛出世，二佛涅槃。

这样的忙法，有了一年，而北平《新晨报》又改组。主持人全是极好的熟友，没法子，我给写了一篇《水浒别传》。这书是我研究水浒后，一时高兴之作，写的是打渔杀家那段故事。文字也学《水浒》口气。这原是试试的性质，终于这篇《水浒别传》，有点成就，引着我在抗战期间，写了一篇六七十万字的《水浒新传》。后文再说。由这些事情类推，我的忙，是无法减少的。我曾自己再三打算，怎样可以躲去这些文债。始终找不到一个良策。不久，"九一八"国难发作，新约才少见来。记得这一年中，人家问我情形怎么样，我的答复是苦忙。而这份苦忙，日本人都为之注意。记得某文人到日本，日本人正式问他，张恨水发表的写作为什么那样多？我知道，这很可以让人家误会，我是一个唯利是图、粗制滥造的文人。但我为了少写，被人损骂的情形，有谁了解呢？

就文字批评我，我是始终乐于接受的。记得有一册前进的杂志，在某一期，由第一页至最后一页，几乎全是骂张恨水，朋友寄给我看了，我倒很钦佩，有些地方，骂得我是很对的，我正可以予以改进。像《论语》杂志上挖苦我，我就一笑置之。我觉得他们并不比我前进着多少。至于那些小报，就骂得我啼笑皆非了。有人说，我的写作，全是假的，有一些老儒代为执笔。也有人反问，这老儒为什么不出名，一切便宜张恨水呢！他们说另有秘密。也有人说，小说是我作的，但不是我写的。学了外国办法：张恨水说，别人写。这样代写的人，共有三位之多。更有人说，我写小说，是几个人合作，由我一个人出名，得钱瓜分。甚至还有人说，有一位女士代我写小说，她不便出名。张恨水本人，根本狗屁不通。我看到这些黄色记载，除了发笑，简直不能作一个字的辩白。总而言之一句话，就是合了那句俗言，"人怕出名猪怕肥"。社会上名字老被人提着的，多是盛名难副，而我尤甚！我少应酬，卖剪刀又必写出"真正王麻子"不可，其必给小报添些材料，倒也似乎是理有固然了。

二十八　《新闻报》的续约

这里要回忆到我和《新闻报》的继续契约。在《啼笑因缘》

登完以后，因事前的接洽，《新闻报》又登了一篇武侠小说。但这时的武侠小说，已经不大合乎上海人的口味了。所以不等那小说登完，独鹤就再三的写信给我，要我再写一篇，而且希望长一点的。我因为中国连年苦于内战，就写了一篇《太平花》。这小说的意识，在题目上是可以看得出来的。但也有我的苦处，那时，我既住在北平，这里也脱离不了内战的圈子，下笔不能不慎重考虑。因此我写的内容，地点，人名，时间，一齐给它一个含混不清，大概的说，就是两年前的事，地点是在黄河两岸吧？

二十九　太平花

这样，就不会触犯到谁了。故事是写人民流离之苦，而穿插着一段罗曼斯。不料写到了一半的时候，"九一八"事变。这时，全国的人民，都叫喊着武装救国，我这篇小说是个非战之篇，大反民意，那怎么办呢？而《新闻报》的编者也同有所感，立刻写信给我，问何以善其后？我考虑着这只有两个办法。第一，书里的意识，一百八十度大转弯跟着说抗战。第二，干脆，把这篇夭折了，另写一篇。考虑的结果，还是采取了第一个办法，说到书中主角，因外祸突然侵袭，大家感到同室操戈不对，一致言好御侮。陡然一个转变，自是费了很大的力气，而全书的故事，也不能不大为改变了。后来书作完了，自己从头到尾，审查过一遍，修订过一遍，居然言之成理，二十二年也就出版了。抗战期间，后方也要出版，但到出版的日子，日本人又投降了。在日本人又投降之后，我们还要提倡战争，也觉得不对。于是我又来了个第二次订正。三十四年，我到上海，将订正本交给书局，言明以后出版，以此为准，原版给它消灭了。《太平花》这部书，不是什么了不起的写作，但在这两度大修改之下，也就可以看到"白云苍狗"，人事是变幻得太厉害了。

三十　抗日的方向

"九一八"的国难来了，举国惶惶。我自己也想到，我应该作些什么呢？我是个书生，是个没有权的新闻记者。"百无一用是书生"，唯有这个时代，表现得最明白。想来想去，各人站在各人的岗位上，尽其所能为罢，也就只有如此聊报国家于万一而已。因之，自《太平花》改作起，我开始写抗战小说。不过中日之战虽起，汪精卫这帮人的口号，是一面抵抗，一面交涉，所以，尽管愤愤不平，谁也不敢公然反抗日本，政府就不许呀。我所心想的御侮文字，也就吞吞吐吐，出尽了可怜相。

那时我在北平，在两个月工夫内，写了一部《热血之花》，主题是国人和海寇的搏斗，当然，海寇就指着日本了。另外，我出了一个小册子，叫《弯弓集》，都是鼓吹抗战的文字。这个，我没有打算赚钱，分在上海、北平出版。这谈不上什么表现，只是说我写作的意识，又转变了个方向。由于这个方向，我写任何小说，都想带点抗御外侮的意思进去。例如我写《水浒别传》，我就写到梁山招安之后，北宋沦亡上去，但我不讳言，这些表现都是很微妙的，不会有什么作用可言，仅仅说，我还不是一个没灵魂的人罢了。想不到这个也会引起日本人的注意，他们曾向在北平的张学良提过抗议，后来，我也终于离开了北平。

三十一　《东北四连长》

当我在《新闻报》写了一年小说之后，《申报》方面，就有人约我写小说。而我首先以忙婉谢了。后来有朋友告诉我，国内两大报的长篇，都归我一人包办，那自然是盛举，但也应当考虑文坛上的反应，这是我早有同感的。我为人向来不拆烂污，而一切事情的开始，总有个考虑，既然如此，我就更不要写了。不过这里又牵涉到了友谊问题。上海编副刊的，号称一"鹃"一"鹤"，"鹤"是《新闻报》的严独鹤，"鹃"是《申报》的周瘦鹃。周先生是个极斯文的写作家，交朋友也非常诚恳。他和我同年，在上海相见之后，非常的说得来。那是《申报》的"自由谈"，改载新文艺，鲁迅先生常化名在上面写散文，非常的叫座。"自由谈"原来地盘，改名"春秋"，还是周先生编。他以友谊的关系，一定要我写个长篇。他说，章回体小说，要通俗，又要稍微雅一点，更要不脱离时代，这个拿手的人，他实在不好找，希望我帮忙。我虽然自知够不上那三个条件，而瘦鹃的友谊，必须顾到，终于我给他写了一篇《东北四连长》。

这书名，很显然，就是说东北御侮的故事了。我对军事，是个百分之二百的外行，怎么能写起军中生活来呢？也是事有凑巧，我有一位学生，当过连长。他那时正在北平闲着，常到我家里来谈天。我除了在口头上和他问过许多军人生活而外，又叫他写一篇报告。我并答应给他相当的报酬。报酬他不要，报告却写了。我就以另一种方法，帮助了他的生活。在这情形下，有两三个月的合作，我于是知道了很多军中生活，就利用这些材料，写为抗日的文字。

我为什么写四个连长呢？我的意思，那时南京方面，正唱着一面交涉，一面抵抗，实在不能找出一位大人物来作小说主角。还是写下级干部好。这样，也就避了为人宣传之嫌。这长篇登报一年多，并没有什么大漏洞。而这四位连长，我是写他们有三位在长城线外成仁的。多少也给大人先生一点讽刺。后来我在上海遇到电影界的王次龙，他说这不失为硬性的作品，他要编写电影。但以时局的日见严重，这文字却拿不出来。

胜利后，这书已经写过十年了。上海出版商人抄写了报上的稿子，寄我审查，要我出版。我自己看了一看，我有些失笑。因为经过八年的抗战，又经过第二次世界大战，就根据我在书报上看的战事新闻而论，我当时描写的是太幼稚了。不过书中的个人故事，倒还可以利用。于是我把作战部分的描写，完全删掉，只着重故事的发展，结局我以人道主义去发作感慨。这不用说，对于整个宇宙里的战争，我是不赞同的。而这书归到日本人的侵略，逼出故事来，也不大违反原意，就是这样交了卷。书名也改了，利用了那仅传七字的一首诗，"杨柳青青莫上楼"，题曰《杨柳青青》。这书前年已出版，大概到现在是三版了。

三十二　《啼笑因缘》的尾声

二十二年春，长城之战起。我因为早已解除了《世界日报》

的聘约，在北平无事（我在北平后十年来，除了《世界日报》的职务外，只作了《朝报》半年的总编辑，无关写作，所以未提）。为了全家就食，把家眷送到故乡安庆，我到上海去另找生活出路。而避开烽火，自然也是举室南迁的原因之一。

我立刻觉得这是另一世界，这里不但没有火药味，因为在租界上，一切是欢天喜地，个个莫愁。有些吃饱了饭，闲聊天的朋友，还大骂不抵抗主义。在这种过糜烂生活唱高调的洋场里，文字生涯，依然是宽绰的道路。而我到了上海的第一件事，就是出版业方面包围我，要我写《啼笑因缘续集》。

在我结束该书的时候，主角虽都没有大团圆，也没有完全告诉戏已终场，但在文字上是看得出来的。我写着每个人都让读者有点有余不尽之意，这正是一个处理适当的办法，我决没有续写下去的意思。可是上海方面，出版商人讲生意经，已经有好几种《啼笑因缘》的尾巴出现，尤其是一种《反啼笑因缘》，自始到终，将我那故事，整个的翻案。执笔的又全是南方人，根本没过过黄河。写出的北平社会，真是也让人又啼又笑。许多朋友看不下去，而原来出版的书社，见大批后半截买卖，被别人抢了去，也分外的眼红。无论如何，非让我写一篇续集不可。我还是那话，扭拗不过人情去，就以半月多的工夫，写了短短的一个续集。我把关寿峰父女，写成在关外作义勇军而殉难，写到沈凤喜疯癫得玉殒香销，而以樊家树、何丽娜一个野祭来结束全篇。我知道这是累赘，但还不至于拖泥带水。当然，在和我表示好感的朋友都说我不该续的。

三十三　二次加油

在上海住了半年多，安排了一个亭子间作书房，继续我一切没有写完的稿子，没有敢接受什么新契约，不过我于上海，倒有更多的认识。我以为上海几百万人，大多数是下面三部曲：想一切办法挣钱，享受，唱高调。因之，上海虽是可以找钱的地方，我却住不下去。二十二年夏季，我又回到了北平。

我四弟牧野，他是个画师。他曾邀集了一班志同道合的人，办了个美术学校。我不断的帮助一点经费，我是该校董事之一。后来大家索性选我作校长。我虽能画几笔，幼稚的程度，是和小学生描红模高明无多。我虽担任了校长，我并不教画，只教几点钟国文。另外就是跑路筹款，柴米油盐的琐事，我也是不管的。不过学校对我有一个极优厚的报酬，就是划了一座院落作校长室。事实上是给我作写作室。这房子是前清名人裕禄的私邸，花木深深，美轮美奂，而我的校长室，又是最精华的一部分，把这屋子作书房，那是太好了。于是我就住在学校里，两三天才回家一次。除了教书，什么意外的打扰都没有，我很能安心把小说写下去。

这一阶段，我给《新闻报》写完了《太平花》，跟着写第三个长篇，是《现代青年》，旅行杂志的《似水流年》也写完了，改写作《秘密谷》。这书是抽象的，我说大别山里，还有个处女峰，峰下有个秘密谷，里面的人，还是古代衣冠，因为他们和外面社会，隔绝一个时代了。借着这些人，可以象征一些夜郎自大的士大夫。后来那个国王出来到南京，拉洋车死了。因为他不会干别的。这写法不怎么成功，可是这个手法，我变着写《八十一梦》了。同时，我在上海临走以前，接了《晨报》的契约，给他们写一篇以女伶为背景的小说，叫《欢喜冤家》。这时还继续地写。

在我未去上海以前，我还给《世界日报》写了个长篇，叫《第二皇后》。去上海以后，就中断了，回到北平，我也没有继续。这时我住在北平，北平倒没有特约稿。因此，有些人误认为我很闲，又来找我写东西。

有两位《新晨报》的朋友，在《太原日报》服务，一定要我写个长篇。磋商数日之久，情不可却，我写了一篇《过渡时代》。这是说社会上新旧分子的矛盾现象，信手拈来，自己不觉得有什么成绩，只听到朋友说，还有趣而已。因为《南京晚报》也要稿子，我就多抄了一份，两地发表，算是多完了一份人情。

这时，我虽忙，却不像二十年那样忙。借了学校的好环境，多看一点书。每当教授们教书的时候，我站在一旁偷看，学习点写意的笔法，并直接向老画师许翔阶先生请教，跟他学山水。这算是二次加油时代吧。

三十四　西北行

自"九一八"以后，东北整个沦陷，国人鉴于国土日蹙，就有开发西北，以资补救的想法。西北自唐宋以来，日渐荒芜，于今是大片的成了不毛之地。想用西北的土地，来补救东北所失的生产，那根本是不可能的事。西北无水，无森林，无矿产，无交通，一切都谈不上。但开发西北这个呼吁，究竟是不错的，便是东北没有沦陷，也该去开发。所以那个时候，很多人都想到西北去看看，以求先得一个认识。我这时除了写作，没有固定的职业，倒是落得趁机一行，于是我就赶写好了约一个月足够用的稿件，于二十三年五月十八日由北平到西北去。

我原来的计划，是先到陕西，再到甘肃，由甘肃往新疆，回头经河套，由平绥路回平。预定的旅行日期是半年。我知道西北旅行，用不了多少钱，带了学校里一位工友，两人共预备了一千五百元的川资。后来又打听得汇兑还十分方便，带多了钱，也不好，又减少了五百元。行程先是南下，坐平汉车到郑州。在郑州改坐陇海车到洛阳。本来由郑州可以直达潼关的，但这个历史名都，我总得看看。所以到洛阳游历了几天，才去潼关。当年，陇海路只通到潼关为止。在潼关住了几天，上了一趟华山，重回潼关，才坐汽车去西安。在西安住了将近半个月，然后坐汽车到兰州。在兰州的时候，我原是打算继续西行，因接到上海几封电报，劝我别去新疆。兰州朋友，也告诉我新疆的盛世才是不好惹的，去了不得回来，那可是个麻烦。而且由兰州到猩猩峡，猩猩峡到迪化，路途遥远，交通工具也有问题。这样，我只好在兰州徘徊着，最后，依然坐了便车回西安。

这一次旅行，虽然没有完全符合我的愿望，但是我拜访了我们的祖先的发祥地。在历史上，在儿童时代所读的经书上，许多不可解的事，都给我解答了。我的游历，向来是不着重游山玩水。因为山水是静的东西，在人生过程中，除了大遭难，很少有变迁。唐宋人看了那山水，作下了一篇游记，可能现在去看，还是那样，你再写一遍，也不见得有什么新鲜。何况那里的山水名胜，也不断的有人记载。我的游历，是要看动的，看活的，看和国计民生有关系的。我写出来，当然也是如此。这种见解，也许因为我是个新闻记者的关系，新闻记者是不写静的、死的事物的。

在我去西北的时候，陕甘的军政当局，颇为注意，以为我去干什么？虽然有人说我是找小说材料来的，但很难引起人家的相信。因为很不容易遇到这种傻人而发这种傻劲。这我得感谢布衣主席邵力子。他原和我认识。在潼关，我托县长给我通了个长途电话，邵先生就答应用省政府的便车接我。到了西安，邵先生因坠马受伤，病榻边一度谈话，他非常的了解我。他对人说，张恨水是个书生。大概他暗示着部下，给我一点礼貌就够了。此外是尽量给我创作上的便利。而绥靖主任杨虎城也就这样办了。

在西安几天之后，各方面全明白我真是来找材料的，大批的碑帖，大部头的县志书，纷纷的用专人送给我。还有那社会上的热心人士，跑到旅馆里和我长谈，把民间疾苦，向我和盘托出。其中有一位军官，愿意和我共坐一架战斗机到天水去看看。坐战斗机这勇气我虽然还有，可是我考量我的身体恐怕不行，只好婉谢。然而这证明一个人若为他的工作而努力，而没有其他企图的话，是很能引起人家的共鸣的。因此，我由西安去兰州，就得着公路局的伟大帮助，和总工程师同坐一辆轿车而去。这轿车是宋子文留在西安的，其舒适自不待言。连我同行的那位工友，也沾着很大的光，坐了公路局的工程车。要不然，西北公路的初期交通，是有让人难于忍受的艰苦的。

三十五　西北回来

在陕甘一度旅行，自然是得着关于历史的教训不少。但我更认识了中国老百姓真有苦的呀。陕甘人的苦，不是华南人所能想象，也不是华北、东北人所能想象，更切实一点的说，我所经过的那条路，可说大部分的同胞，还不够人类起码的生活。你不会听到说，全家找不出一片木料的人家；你不会听到说，炕上烧沙当被子盖；你不会听到说，十八岁大姑娘没裤子穿；你不会听到说，一生只洗三次澡；你不会听到说，街上将饿死的人，旁人阻止拿点食物救他（因为这点救饥食物，只能延长片时的生命，反而增加将死者的痛苦）。由民国初几年起，陕甘人民坠入了浩劫的深渊。十九年的旱灾和西安一年的围城，发生了人间不可以拟议的惨象。我到陕西的时候，浩劫已过两年多，而一切遗痕都在。人总是有人性的，这一些事实，引着我的思想，起了极大的变迁。文字是生活和思想的反映，所以在西北之行以后，我不讳言我的思想完全变了，文字自然也变了。

我为了要描写西北那些惨状，曾用一种倒叙法，将十九年的灾情写出。将一个逃难的女孩子为主干，数年之间，来回两次西北，书名是《燕归来》。这书发表于《新闻报》，后在上海出版，天津也有人盗印。敌伪时代，曾拍电影，听说被日本人禁止。《燕归来》之外，我又写了一部同类的小说，叫《小西天》。这是用名剧《大饭店》的手法，以西安一个大旅店为背景，写着各阶层的人物。这书紧接着《东北四连长》发表于《申报》。

由西北回来，我自然是先回上海接洽稿件。但我有意找西北一个反照面，我也和阔人一样，立刻跑到庐山去避暑，在五千公尺的牯岭上，面对着那些夏屋渠渠的富贵山谷，我住了一个多月。不过这里材料虽多，我却没有勇气去写，写了谁和我出版呢？我只写了一篇轻松点的《如此江山》，在《旅行杂志》发表，那是全以庐山风景为背景的。

对西北的印象，我毕生不能磨灭。每当人家嫌着粗茶淡饭的时候，我就告诉人家，陇东关西一带，人民吃莜麦的事实。莜麦是一种雀麦磨的粉，乡人只用陶器盛着，在马粪上烤干了吃。终年如此。不但没有小菜佐饭，连油盐都少见的。所以那里的东方人，盛传着老百姓过年吃一顿白面素饺子，活撑死人的故事。因此，我每每想着，我们生长在富庶之区，对生活实在该满足。

三十六　参加《立报》

二十三年秋，我又回到了北平，还是住在美术学校。我继续写着上海几家报纸的小说。《晨报》的《欢喜冤家》完了，我换了个长篇《北雁南飞》。这书是满清末年，一段不自由的婚姻。因为我觉得写当前的社会小说太多了，故意写个有历史性的。这一年的小说不太多，经常是四五篇在手边写。

约莫一年的工夫，北国的风云，时紧时松，我也有点感觉，北平终非乐土，又动了全家南迁之意。在二十四年秋天，成舍我君邀着一班朋友，在上海创立小报《立报》，约我南下，担任一个副刊编辑。他知道我不能久住上海，约以三个月为期，我也就答应了。

《立报》由事务人员到编采人员，可以说人才济济，那是由于加入这个公司的股东，都是老新闻记者的缘故，他们拉拢人才，自然是比较容易。我于十月间到上海，替《立报》编一个副刊，叫《花果山》，我并自写了一篇小说，叫《艺术之宫》。这个题材，是以模特为背景的。写一个守旧的女子，为家穷而去学校当模特。完全是以一个悲剧姿态出现的。自信和他人写模特不同。这书写完之后，好几个出版商要出版，竟因搜罗报上稿件不易，未能实现。

我在上海约期既满，正打算回来。一夜之间接到北平连去两个急电，叮嘱缓归。那时，平津一带，迭次出事，冀东已出现伪政府。我知道事情不妙，就中止北行。过了几天，得着家信，说是日本人捉拿北平文化界人士，有张黑名单，区区竟也忝列榜尾。我根本已不留恋北平了，自然就不冒那险而北上。

三十七　办《南京人报》

我虽然讨厌上海，我的生活，却靠了在上海的发表文字，要离开上海，而又不能离得到交通不便的地方去。于是我临时选择了个中止地点，南京。南京除了到上海很近，到故乡也很近，而尤其可以住下的，是朋友很多。

我在南京住下两三个月，除了写稿子，只是和朋友谈天。而我对于南京，又有个不好的印象。在很早以前，欧美人士，就预算出来了，一九三六年，将是世界大战年。当时德意日军事力量的疯狂发展，正吻合了这些预言。以南京首都所在，人才荟萃，对于这个说法，应该有所感觉。可是南京士大夫阶级，很能保持"六朝金粉"的作风，看他们的憩嬉无事，不亚于上海，我又想走，但我向哪里去呢？国内找不着桃花源，而我又需要生活，正徘徊踌躇着，老友张友鸾君鼓励我在南京办一张小型报，不过他比我还穷，钱是拿不出来的，只能出力。这时，我私人积蓄，还有四五千元。原来的打算，是想在南京近郊，买点地，盖几间简陋的房子，住在乡下，钱是够了的，就因为我对南京已不感觉兴趣，这计划没有实现。这时据友鸾的计划，在南京出一张小型报，一切印刷材料在内，开办费只需三千多元，我尽可拿得出来。我原来还是有点考虑，经友鸾多方地敦促，我见猎心喜就答应了。

经过两个月的筹备，我共拿出了四千元，在中正路租下两幢小洋楼（后来扩充为三幢），先后买了四部平版机，在《立报》铸了几副铅字，就开起张来，报名是《南京人报》。读者在报上或尚可看到《南京人报》的消息，就是那家报，不过胜利以后，我为了和陈铭德先生北上办《新民报》平版，我以最大的牺牲，报答八年抗战的友谊，把《南京人报》让给张友鸾君去办了。现在的《南京人报》与我无关，附带一笔。

办《南京人报》犹如我写《啼笑因缘》一样，震撼了一部分人士。这报在不足一百万人口的南京市，出版第一日，就销到一万五千份。我当然卖老命。张友鸾君和全部同人（我们那个报，叫伙计报，根本没有老板），没有一个人不使出吃乳的力气。我那时的思想，虽还达不到"新闻从业负有其报的程度"，可是全社的人，多少分一点钱，我却是自尽义务，依然靠卖稿为生。我并不是那样见利不取的人，因我有个奢望，希望报业发达了再分红。自己作诛心之论吧,乃是"欲取姑予"。不过"予"的数目很可笑罢了。除了印制部是照其他报社一律待遇,总编辑才拿四十元一月的薪水,副社长支薪一百元,还编一个副刊,又写一篇小说。普通编采人员,月支二十元。请问,我怎忍心要钱?但这点与同人共甘苦的精神,把《南京人报》,办得如火如荼,让许多人红眼。我并非卖瓜的说瓜甜,我这点经验,觉得还值得介绍出来。可见穷办报也未尝办不好。

我在《南京人报》除了管理社务,自编一个副刊,叫《南华经》。自写两篇小说。一篇叫《鼓角声中》,写着受日本人威胁的北平。一部就是近乎武侠小说的《中原豪侠传》。我写这篇武侠小说,不讳言是生意经。但我对武侠小说的见解,已如前文,所以这篇《中原豪侠传》,更写得近乎事实。而是以辛亥革命前夕,河南王天纵的故事作影子,并请刘亢先生每日插一幅图。出乎意料,这篇小说比《鼓角声中》还叫座,我倒是聊可自慰的。除了这些,我每日还自写许多散文,和一篇故事新闻,所以每日直到夜深三时才回家。我这种苦干,博得许多朋友帮忙。例如远在北平的张友渔兄,无条件地给我写社论。一度盛世强兄在北平和我打长途电话,也是义务。而张萍庐兄编了一年的《戏剧》,只拿了一个多月的稿费,令我至今不忘。

三十八 被腰斩的一篇

我办报既然还靠稿费为生,写作自然是要加多。我统计一下,这时是给《新闻报》写《燕归来》结束,改写《夜深沉》;

《申报》《小西天》完了，改写《换巢鸾凤》；《晶报》有一篇《锦绣前程》，登了两三年了，因为登的太少，还在写。《立报》继续着《艺术之宫》，无锡的《锡报》，快将《天上人间》的旧稿登完，也开始补写。南京除了《南京人报》两篇，还有《中央日报》的一篇，而《旅行杂志》一日一次的长稿，也短不了。这时我写着《平沪通车》。办报而外，这样多的长篇，我在四十之年，又发挥牛马精神，而作文字机器了。

提到在《中央日报》写稿，这倒有一段小插曲。开始，我是无意在《中央日报》写稿的，因为我不会党八股。那时总编辑周帮式，是《世界日报》老同事，再三的要我写，我就只好答应下一篇。为了适合人家的环境，我写的是太平天国逸事《天明寨》。那几年，我特别的喜欢看太平天国的文献，所以有此一举。这书里说了许多天国故事，还很能引起读者的注意。书完了，《中央日报》又要我写，我就写了一篇义勇军的故事，以北平为背景，叫《风雪之夜》。大概也写了四五个月了。忽然周君给我来封信，说对我的稿子"奉命停刊"。不客气地说：腰斩了。当时抗日有罪，是不算一回事的。

不过，这事也未完全过去。抗战期间，《中央日报》在重庆出版的时候，又有人拉我写稿，而且不止一年，不止一次。我当然没有求腰斩的洋瘾，只好微笑婉谢。

三十九　在南京苦撑的一页

《南京人报》办了一年多，终于大难来临，中日战事起了。

八月十五日，日本飞机，空袭南京，立刻将南京带进了严重的圈子里去。一切的稿子都不能写了，但报却是要办。这个报，开始就是小本经营，自给自足的。这时，南京人跑空了。没有人看报，更也没有广告，报社的开支，却必须照常。我身为社长，既是家无积蓄，又没有收入，那怎么办呢？让我先感谢印刷部全体工友，他们谅解我，只要几个维持费，工薪自行免了。甚至维持费发不出来也干。他们为了抗战而坚守岗位，不愿这"伙计报"先垮，而为"老板报"所窃笑。这实在难得之至！编采同人更不用说，除了几个胆小的逃去芜湖（后来又回来了），全体十之八九同人，拍拍颈脖子，"玩儿命，也把《南京人报》苦撑到底"。张恨水有这样的人缘，那还有什么话说，我就咬着牙齿，把《南京人报》办下去。这时，全部家眷，疏散到离城十几里的上新河去住。我在报社，由下午办理事务和照应版面，一直到次日红日东升，方才下乡。下乡之后，什么事也不干，就是放倒头，补足这一夜睡眠。醒来之后，吃点东西，又赶快进城。这"进城"两个字，在当日并非简单的事，每每行到半路途中，警报就来了。南京城郊，根本没有什么防空的设备，随便在树阴下、田坎下把身子一藏，就算是躲了警报了。飞机扔下的炸弹，高射炮射上去的炮弹，昂起头来，全可以看得清清楚楚，那种震耳的交响曲，自然也就不怎么好听。但身入其境的，是无法计较危险的，因为天天的情形都是如此，除非不进城，要进城就无法逃避这种危险。炸弹扔过，警报解除了，立刻就得飞快地奔到报社。其实这种危险，倒没什么痛苦，至多是一死而已。而到了报社，立刻把脑子分作两下来运用，一方面是怎样处理今晚上的稿件，一方面是明天社中的开支，计划从哪里找钱去？这个时候，不用说向朋友借钱有着莫大的困难，就是有钱存在银行里，也受着提款的限制，每日只能支取几十元。二十四小时，无时不在紧张恐慌中挣扎。这样的生活，是不容日久支撑维持的，不到一个月，我就病了。病得很重，主要的病症，是恶性疟疾，此外是胃病，关节炎。报社里的事，只好交给别人，我就在上新河卧病。虽然卧病，问题也不简单，自己的家眷和南下逃难的亲属，一家之中，集合到将近三十口人。不说生活负担，不是个病人所能忍受，而每当敌机来空袭的时候，共有十七个孩子，这就让人感到彷徨无计。因之这一期中，没有写作，也没有心去看书，几乎和三十年来的日常生活完全绝缘了。因为病，我是十一月初首先离开南京，到芜湖医院治病。病将好，南京也快陷落了。我和家眷在安庆会合，再避居故乡潜山县城。《南京人报》于十二月初，南京陷落的前四五日停刊，由我四弟负责收束。结束了我自己办报的一页。

四十　入川第一篇小说

我在二十六年十二月底，离开了故乡潜山，由旱道到武昌，乘轮到汉口。因为《南京人报》在结束时期，借了朋友两千多元，并无借据。这位朋友，是径向四川去了。为保持信用，我必须还这笔钱。四弟同意我这办法，把一部分机器、铅字，用木船载着，由南京溯江西上，最后的目的，也是重庆。这意思是或者在重庆复刊，或者卖了机器还债。我是债务人，自然得赶向重庆。后来就走的是第二条路。

二十七年一月十日，我到了重庆，去《新民报》在渝复刊之期，只有五日。同事张友鸾君，原早在《新民报》当过总编辑，这时是主笔，他建议陈铭德君，约我加入《新民报》。我根本无事可做，就答应了。但我和《新民报》合作，不自这时起，在前四五年我写了以电影题材为故事的小说《旧时京华》，在《新民报》发表过，但未登完。二十五年，我也写了一篇《屠沽列传》，在《新民报》发表，这书是和《武汉日报》，成都另一家《新民报》，三家合载的，也因故未能登完。这该算是我们三度合作了。

那时，《新民报》是由一张对开报，改为小型四开的。倒有两个副刊。一个副刊叫《最后关头》，由我编，我应社方的要求，写一篇小说，叫《疯狂》。为什么叫《疯狂》呢？在南京，在武汉，我看到有许多爱国有心，请缨无路的人，十分感慨，觉得爱国也有包办之可能了。在汉口，我四弟叫我不必西上，机器丢了罢，回大别山打游击去。他说，在武汉有一部分同乡青年，有此主张，希望我年长一点，出来协助。我不但赞助，且非常的兴奋，就写了个呈文给当时的第六部，请认可我们去这样办。我们不要钱，也不要枪弹，就是要第六部的认可，免得故乡人发生误会，然而被拒绝了。虽然我四弟终于打了一年的游击，那是另外找的一条路线。我对这事，非常的愤慨，觉得有爱国而发狂之存在，所以我就写了这篇小说。可是，重庆为战时首都，写文章不能那样随便，《疯狂》这篇小说，越写越胆小，到写完的时候，几乎变了质。书写完，发现完全违背了我的原意，连报上的陈稿，我也不愿剪集，更不用说是出版了。这是我抗战军兴后，第一次写作的失败。

四十一 《游击队》

在《疯狂》发表的期间，老友张慧剑兄，到了重庆。原还没有加入《新民报》，而是替《时事新报》编一版副刊。他非要我写一篇小说不可，我抽空写了个中篇，叫《冲锋》，是写日本人侵犯天津时的一段人民自卫故事。后来慧剑建议，可改名《天津卫》，以双关的意义来笼罩一切。这意思当然很好。不过这书在三十年（一九四一年）出版的时候，我得着许多游击队的消息，又鉴于大后方豪门的生活，令人愤慨，我在书前后各加上了一段，将书名改为《巷战之夜》。我的小说单行本，恐怕要以这书和《银河双星》字数是最少的了。

提到《游击队》，我曾另外写过几篇，计有发表于香港《立报》的《桃花港》《潜山血》（此篇未写完）。《立煌皖报》的《前线的安徽，安徽的前线》。《申报》汉口版的《游击队》，这两篇也都没有写完。在《立煌皖报》发表的那篇小说，我完全以安徽人的关系，大半义务的写稿，并没有含着任何作用。可是安徽的统治者，认为这篇小说，夸张了游击队，那是和他们的政治作风不对的，也宣告了腰折。写游击队有什么不对呢？我决不因未能写完而灰心。相反地，我更积极地搜罗材料。重庆也很有几位朋友，愿供给我这路材料。但究因这路材料太片断、太零碎，不能集合成书。这话现在可以公开，《新华日报》的资料室，就曾允许我任意索观有关文件。我很惭愧，我竟无以报命而写成一部书。其实这里面可歌可泣的故事是太多了，希望将来有人写一个宝贵的长篇。

四十二　抗战小说

我在重庆二十八年（一九三九年）到三十年（一九四一年），这是我生活最艰苦的一段，自己由重庆扛着平价米，带到十八公里的南温泉去度命。所以我还不能不努力写稿。那时，上海虽然沦为孤岛，《新闻报》还不曾落于汉奸之手，重庆到上海的航空信，可以由香港转。《新闻报》继续要我写稿，我就写完了《夜深沉》，又继续着写了一篇《秦淮世家》，这是以歌女为背景，而暗射着与汉奸厮拼的。最后，我就写《水浒新传》了。

《水浒新传》当年在上海很叫座。那完全吻合上海人"过屠门而大嚼，虽不得肉，聊以快意"的口味。书里写着水浒人物受了招安，跟随张叔夜和金人打仗。汴梁的陷落，他们一百零八人，大多数是战死了。尤其是时迁这路小兄弟，我着力的去写。我的意思，是以愧士大夫阶级。汪精卫和日本人对此书都非常的不满，但说的是宋代故事，他们也无可奈何。这书里的官职地名，我都有相当的考据。文字我也极力模仿老《水浒》，以免看过《水浒》的人说是不像。书写到四十多回，太平洋战起，上海已整个沦陷，我才停止寄稿。三十二年，我受书商之托，加上二十多回，完成了这部书。共六十多万字。抗战期间，这是我写的最长的一部了。

二十九年，我另写了一篇《大江东去》发表于香港。中间有日本屠杀南京人民的一段描写。三十一年（一九四二年）出版，这倒是销数较多的一部书。在大后方，仅次于《八十一梦》。这书在美国听说有节译本，发表在报上。报，我未见之，是朋友告诉我的。

四十三 《八十一梦》

《八十一梦》这部书，在大后方是销数最多的一部，延安也翻过版（《水浒新传》好像也翻过）。这书我不敢说是什么好作品，但在痛快两字上，当时是大家承认的。

在《疯狂》写得我无法完篇的时候，我觉得用平常的手法写小说，而又要替人民呼吁，那是不可能的事。因之，我使出了中国文人的老套，"寓言十九托之于梦"。这梦，也没有八十一个，我只写了十几个梦而已。何以只写十几个呢？我在原书楔子里交代过，说是原稿泼了油，被耗子吃掉了。既是梦，就不嫌荒唐，我就放开手来，将神仙鬼物，一齐写在书里。书中的主人翁，就是我。我做一个梦，写一个梦，各梦自成一段落，互不相涉，免了做社会小说那种硬性熔化许多故事于一炉的办法。这很偷巧，而看的人也很干脆地得一个印象。大概书里的《天堂之游》《我是孙悟空》几篇，最能引起读者的共鸣。书里我写着一个豪门，有一条路可通半空，给它添上个横额，"孔道通天"。朋友都说，这太明显。又孙悟空和一位通天圣母斗法而失败。朋友也说这可能是个"漏子"。某君为此，接我到一个很好的居处，酒肉招待，劝了我一宿。最后，他问我是不是有意到贵州息烽一带，去休息两年？我笑着也就只好答应"算了"两个字。于是《八十一梦》写了一篇《回到了南京》，就此结束。

事过境迁，《八十一梦》无可足称。倒是我写的那种手法，自信是另创一格。《新华日报》曾有几篇批评，谈到了小说的形式问题。

四十四　生活材料

在抗战期间，大后方的文艺也免不了一套抗战八股。这个问题，曾引起几次论战。当然，在抗战期间，一切是要求打败日本，文艺不应当离开抗战，这是对的。不过老是那一个公式，就很难引起人民的共鸣。文艺不一定要喊着打败日本，那些间接有助于胜利的问题，那些直接间接有害于抗战的表现，我们都应当说出来。当年大后方时常喊着"讳疾忌医"的这句成语，因此有些从事文艺工作的人，就不注重公式的抗战文艺了。

我向来看得我自己很渺小，没有把自己的作品，看着能发生多大的作用。严格的说，不但是我，一切从事文艺的人，应该有这个感想。从国民党执政以来，压根就没有重视过文艺，至多，录用几个御用的政论家。就算没有忽视文艺，一直到最近，他们的这个作风没有改，所以这二十多年来，文艺家为生活所苦，为思想束缚所苦，没有法子产生伟大的作品。像我这样车载斗量的文人，自是写不出有分量的东西。我也就变了那公式的文章写法，在此期间，除了和《旅行杂志》，写了一篇无关痛痒的《蜀道难》而外，我另辟了一条路线去找材料。计在《新民报》发表的，有一篇极长的《牛马走》，和一篇二十多万字的《第二条路》（后在上海出版，改名《靓霜花》）。还有一篇二十多万字的《偶像》。接着《蜀道难》，给《旅行杂志》写了《负贩列传》（后来改名为《丹凤街》）。这里所写的人物，都是趋重于生活问题的，尤其《牛马走》、《第二条路》和《负贩列传》。

抗战是全中国人谋求生存，但求每日的日子怎样度过，这又是前后方的人民所迫切感受的生活问题。没有眼前的生活，也就难于争取永久的生存了。有这么一个意识，所以我的小说是靠这边写。可是，当年在大后方的报纸杂志受检查，而书籍也是受检查的。我即靠写作为生，我决不能写好了东西而"登不出来"（当年《新华日报》被检的文字，以此四字作声明）。所以我虽然要写人民生活，只是在写作技术上兜圈子，并不能做什么有力的表现。

在三十五年（一九四六年）间，我例外的写了一篇纯军事的小说，那就是《虎贲万岁》。我说过，对军事是百分之二百的外行，怎么写军事小说呢？在《虎贲》序文上，我交代得很清楚。乃是在常德作战的残余官长，有两个参谋，他们要求我写的。他们无条件的，借了许多作战文件给我看。同时，这两个参谋，并不断地到我茅居里来现身说法。这个要求，几乎有一年之久，我为他们的诚意所感动，就写了这篇小说，而直到胜利以后才完卷。至于他们何以要这样做，他们说是对那战死的一师人，聊尽后死者的责任。我相信，这不是假话，因为他们并无所得，也无所求。我写战地里一个伙夫，都是有姓名，而这两位参谋的姓名，为了避嫌，却不在其列，这是可以证明他们的态度的。

四十五　茅屋风光

我这里所说的生活材料，是眼见社会上一般人的生活，而不是我个人的生活。我个人的生活，不会明显地反映到文字里去。但文字终究是生活的反映，人不经过某种生活，是不会写出某种文字的。

我觉得我自己没有生活上一种艰苦的锻炼，就不会知道人家吃苦是什么滋味，自己也就体谅不到吃苦。天下尽有在咖啡座上可以谈农人辛苦的人，但是不论怎样的谈下去，决不能丝毫搔着痒处。我虽然没有历尽人世的艰辛，可是社会各阶层，我都有过亲切的接触，而我们身为知识分子，在战前很不容易得着的茅屋生活，我就过了七年。自信这种环境比我读了许多书的教训还要深切有益。这对于写作，不但有莫大的帮助，就是对于为人也有莫大的指示。这一点，倒不宜抛弃的。我写的是写作生涯回忆，既涉及写作，而又是生涯的事，我也不妨写一点。

因抗战而入川的人，像潮水一般的涌到了四川，涌到了重庆，重庆的房子立刻就成了不能解决的问题，加之二十八年夏季的日机大轰炸，将重庆的房子炸去了十之五六，让在重庆住鸽子笼的人，都纷纷地抢着下了乡。乡下也是没有房子的，于是下乡的人，就以极少的价钱，建筑起国难房子来居住。这种国难房子，是用竹片夹着，黄泥涂砌，当了屋子的墙，将活木架着梁柱，把篾片扎了，在山上割些野草，盖着屋顶。七歪八倒，在野田里撑立起来，这就是避难之家了。这种房屋，重庆人叫着捆绑房子，讲的是全用竹篾捆扎，全屋不见一根铁钉。

我也有这样一所茅屋，但这茅屋不是我盖的，也不是我租的，是朋友送的。原来我住在一幢瓦房子里，有两间房，相当的干净。房东要发国难财，撵我们出去，要卖那房子。这房子后面有十间茅屋，除了出卖了四间，将六间租给了文艺协会。后来文协搬走了，房东是我的朋友，他让我搬了去，议定自修自住，不取房租。我也无须六间屋子之多，住了三间，又让了三间给一位穷教授。于是安居了好多年。除了我故乡那间老书房，这三间茅屋对我的写作生涯，是关系特深的。

在我的小品文集《山窗小品》里，对这茅屋是描写得很清楚的。简单言之，窗子外是走廊，走廊下是道干涸的山溪，上面架有木桥，直通走廊，木桥那头，是丛竹子。竹子后面，是赶集的石板路，石板路后面是大山。山上原来有树。而国民党的军队，来一回砍一回，砍了将柴卖给老百姓（我说这是一幕喜剧。我们窗子外的树，我们不敢动。人家砍了，还卖给我们拿了钱去。我们真是白痴呀）。这样山就光了。不过，下雨，溪里有洪流；出月，山上有虫声；下雾，眼前现出变幻的风景。这里还是很有趣的。虽然，这里却不会引起高人隐士之风。第一，在这个溪两旁，全是受难的公教人员，穷的教员，穷到自己浇粪种菜。大家见面，成日的谈着活不下去。第二，村子里也有极少数的投机商人，对我们的生活，很是一种刺激。第三，隔了面前这座山，就是孔公馆。孔公馆建筑在一座高山上，绿树葱茏，石磴上拔，环曲千级，四层立体式的洋楼，藏在一个树林的峰尖下。不说里面的布置，单是穿山的一座防空洞，里面有无线电，有沙发，有电话，也就可知其阔绰了。这不过无数孔公馆之一，孔院长、孔夫人、孔二小姐，根本不来，只有几十个副官，在这里落寨为王，打家劫舍。这不但文艺人看了心里不平，所有的老百姓，都侧目而视。这一点，往往是引起了我写作的愤慨情绪的。我茅屋里夹壁上，自书了一副对联：

闲户自停千里足，
隔山人起半闲堂。

四十六　《上下古今谈》

　　我生平所写的散文，虽没有小说多——当我在重庆过五十岁，朋友替我估计，我编过副刊和新闻二十年，平均每日写五百字的散文，这累积数也是可观的——但我的散文，始终用"恨水"的笔名，而为社会所注意的，要算是在《新民报》的《上下古今谈》。当我写第一篇《上下古今谈》的时候，我曾说过，上至宇宙之大，下至苍蝇之微，我都愿意说一说。其实，这里所谓大小也者，我全是逃避现实的说法。在重庆新闻检查的时候，稍微有正确性的文字，除了"登不出来"，而写作的本人，安全是可虑的。我实在没有那以卵碰石的勇气，不过我谈了谈宇宙与苍蝇，这就无所谓。我利用了我生平读历史的所得，利用了我一点普通的科学常识，社会上每有一个问题发生，我就在历史上找一件相近的事谈，或者找一点大自然的事物来比拟。例如说孔公馆，我们就可以谈谈贾似道的半闲堂；说夫人之流，我们可以谈杨贵妃；说到大贪污，我们可以说和珅；提到了重庆政治的污浊，我们可以说雾；提到狗坐飞机，我们可以说淮南王鸡犬升天。这种谈法，读者可以作个会心的微笑。但我并没有触犯到当前的人物。

　　当然，检查人物，他是看出来的，有时也被扣除了。但很能因文字对表面上的"言之有物"，他们没有理由扣除。当政协初开的时候，我曾一时灵机触动，将满清隆裕的退位诏书，删去不相干的段落，转录一道，作了《上下古今谈》。我并知道，最好不要参加自己的意见，所以文前只有很少的几句介绍语。这篇文字登出来了，在重庆竟是一个雷。有些作会心微笑的朋友，还转录到别的刊物上去，虽是许多朋友为我捏了一把汗。而《上下古今谈》，当时能被社会注意，就在这一点。后来很多人劝我出书，我说这虽是谈古事，实在是有时间性的，出书没多大意思，所以不曾出版。

《上下古今谈》，写了好几年，大概有一千多条，有百万字上下。除了很少数几十条是用文言写的而外，百分之九十几，全是白话。不过都像隆裕退位诏书那样引用恰到好处的，也并不多见。

四十七　散文

为了说到《上下古今谈》，可以顺便谈谈散文。远在和北平《益世报》写小说的时候，我就担任过每日一篇的散文。不过《益世报》有宗教的关系，散文不好写。那个时候的散文全是文言，只是在语助词上兜圈子，除了运用子史格言，很难发挥什么意见。同样的散文，大概写了二三百条，完全是一个作风。那时，给《益世报》写社论的颜旨微君（此君早已去世），就很主张我继续写。但我却以词穷而婉谢了。至于我历年编写副刊，那都是每日为补白而作，虽写的很多，却不成格式，差什么，写什么，差多少，写多少，事后只有送进字纸篓。倒是在大后方，写了两个散文集。一个是《山窗小品》，一个是《水浒人物论赞》。《山窗小品》，就是我在那茅屋写的，写的全是眼前事物。《水浒人物论赞》，那是我搜集当年为《世界晚报》《南京人报》写的稿子，再补上若干篇成的书。关于前者，我走的是冲淡的路径。但意识方面，却不随着明清小品。关于后者，我对水浒人物，用我的意见，对那些人作一个新估价。不过这两部散

158

文，全是文言的，和《上下古今谈》的作风，完全两样。

我本也无意出书，因为在重庆的出版家，要求这样办，我就当古董卖了。

此外，我和国内刊物写的散文，三十年来，也不会太少。三十年以前的作品，我自己都淡忘了。三十五岁以后，对散文我有两个主张，一是言之有物，也就是意识是正确的（自己看来如此），二是取径冲淡。小品文本来可分两条路径，一条是辛辣的，一条是冲淡的，正如词一样，一条路是豪放的，一条路是婉约的。对这两条路，并不能加以轩轾。只是看作者自己的喜好。有人说辛辣的好写，冲淡的难写，那也不尽然，辛辣的写不好，是一团茅草火，说完就完，冲淡的写不好，是一盆冷水，教人尝不出滋味。

四十八　斗米千字运动

再说到抗战时候的写作生活。所有在大后方的文艺人，没有一个能例外，都是穷得买不起鞋袜的。有些人教书，有些人当不被重视的公务员，有些人干脆打流浪。我还好，兼作新闻记者，多少有些固定的收入。吃的是平价米，那是征买来的粮食（提到此，让人永远不能忘了四川人），分配各团体机关，再以极廉的价钱，配给薪水阶级人物，所谓平价是也。其实，谈到平价，等于白给。因此，米是古人所谓"脱粟"。仅仅是去了糠。沙子稗子谷子，总不下十分之一，我吃饭为挑去这些东西，时常戴起老花镜来，其苦是可知的。穿呢，由入川起，三个年头没缝一件小褂子。住，就是那茅屋了。行，这是比吃平价米还要头痛的事。

重庆市是山城，无处不爬坡。马路也是在高低不平的山梁上建筑起来的。文艺人没有人能坐得起车轿，而且在重庆，也不忍心去坐车轿。石达开说的话，"万众梯山似病猿"，可以形容这一个轮廓。人力车夫拉上坡，头就和车把靠了地。轿夫上坡，气喘如牛，老远就可以听见。这样，只有挤公共汽车。城里的汽车，挤得窗户里冒出人来。下乡的汽车，甚至等一天，买不着那张汽车票。南温泉到市区十八公里，还要过一道长江。十次至少有五次我是步行。为了争取抗战的胜利，并没有谁发出怨言。可是当我们到疏建区，看到阔人新盖的洋房，在马路上看到风驰电掣的阔人汽车，看到酒食馆子里，座上客常满，就会让人发生疑问：一样的在"抗战司令台"畔，为什么这些人就不应该苦？这样，文艺人站在他自己的立场上，呼吁出改善生活来。

在民国二十九年以后，文字在大后方，开始有点出路了。除了报纸收买稿子，也有些刊物出现。写文章的人，所谓改善待遇，当然以提高稿费为唯一的目标。于是由在桂林的文艺人发出了呼吁，要千字斗米的稿费。若在战前，江南的米，不过是十元以下一担。小都市里，四五元就可买到一担米了。一斗米的价值，不上一元钱，这种要求，可说是极低，可是大后方的粮价，始终是涨得太凶的，在我们要求千字斗米的时候，重庆的米，已经超过了一百元一斗。不过川斗和普通市斗不同，它是三十二三斤一斗，一斗等于两市斗强。折合下来，一市斗米，也需六七十元。稿费怎么样呢？最高的稿费，没有超过十元。一下子要把稿费涨上去六七倍，这是不可能的。我还记得，在抗战胜利接近的前夕，重庆最好的纸烟华福牌，是每盒一千元，而打破纪录的特等稿费，也是每千字千元。那就是说写一千字，只好买盒纸烟吸吸而已，而这还是特等的，稀有的。自此以下，那就不必提了。因此，千字斗米运动，只是一句口号，决不会实现，而文人也就为米焦碎了心。

四川很少麦粮食，除了米，就是包谷（玉蜀黍）、红苕（红薯）及少数的高粱。而这些杂粮，只有乡下有，市上不大多见。所以当时的文人，都是为米而奔波。若是一个光杆文人，那还无所谓，在重庆还不能每日混到两顿饭？若是有家眷的文人，这就难了。我们在长途汽车边，在轮船码头上，常常可以看到一类穿破烂西服或中山服的人，身边带着一个米袋子，那就是公教人员带平价米回家。自然，这包括文人在内。这情形，谁出斗米买一千字呀？

米价越来越贵，千字斗米运动，终于成为泡影。那时，我也就死了那条卖文的心，除了和《新民报》写着固定的文字而外，把写稿子的工夫余下来，看看架上残余的几套破书。或者念"无师自通"的英文，或者画"无师自通"的画。再有剩余的时间，就是和邻居谈天了。抗战八年中，平均不能写到三千字，可说是工作比较轻松的时期。假如那时能办到千字斗米，也许我可以多写出几部小说来。

四十九　夜生活

过了黄昏摸黑坐，无灯无烛把窗开，等她明月上山来。

这是二十九年，我填的几阕浣溪沙的半阕，说的是无油点灯。当然有人说，何至于穷得买不起菜油点灯呢？那也所费有限啦。这是有原因的。南温泉镇市上，有时是缺油的，非点鱼烛不可（北平叫洋烛）。一支鱼烛，等于一斤多菜油的钱，这算盘不能不打。煤油又是珍品，也没有煤油灯（到胜利前夕，有煤油灯了）。尤其是冬天，不要说是月亮，重庆为雾所弥漫，整月看不到太阳，那明亮的月光，有时临到山窗，那是让人苦闷的情绪为之一振的。不过天下事有一利就有一弊。在太平洋战争未发动以前，日本飞机大批停在汉口，有空就来袭重庆。月夜，是他们肆虐的好机会。因之有了月亮，又有躲警报的恐怖，我们总是在这矛盾的情绪下过着月夜。

若是没有月亮之夜呢（多数的时间是这样的），我们就在屋子里呆着。三间屋，照例是两盏菜油灯。夏天，窗子开了，蚊虫，小蛾子，以及一切不知名的虫豸，像雨点似的向灯上乱扑，两条光腿，若不是坐在雾气腾腾的蚊烟下，就得拿着扇子手不停挥。冬天，四川是不需御寒的炉火的，破袜子单鞋，坐久了也冷。春秋良夜，可以对灯小坐了，而油碟子里两三根灯草所放出的光亮，照着屋子里黄澄澄的，人影也模糊着，看书实在是有损目力，写稿是更无此心情了。所以在四川八年的夜间，除了进城，住在报社里，有电灯还可以做点事。若在乡下，夏天是乘凉而早睡，冬天是煨被窝而早睡。写文章的人，多半喜欢过夜生活，在重庆乡下的文人，可就把这习惯扭转来了。

五十　意外的救星

我的时间是这样的支配着，写的不多，而又无法多写，这生活是怎样的度下去呢？第一，报社里分的平价米，勉强够吃，第二，房子不要钱（但是怕修理），第三，根本不做衣服，所欠的，也就是小菜和零用钱而已。在太平洋战争未发动以前，遥远地靠着上海转来的一点稿费，还在学校代过两年的钟点课，有时将报社的薪水前拉后扯，有时托朋友垫借几文，就这样穷对付着两三年。好在肉体上的艰苦，那是看在其次的事。我不幸住在这南温泉，乃是二陈的陈家寨所在，周围几十里，都是他们的教化圈子，精神上有一种莫名其妙的不舒服。而这种不舒服，日久也安之若素了，自然更不计较衣食的困苦。

天下事，也有飞来的福分，正在太平洋战争起，香港、新加坡都为日本魔爪席卷而去以后，我竟有些意外的收入。那就是在上海所出版的我的写作，崭新的封面，由香港兜个圈子，到了重庆。这些书，有的是我已经卖了版权的，有的是版权没有分明的，有的是版权还保留着的。我本人现在重庆，这大批的心血结晶品在街头出卖，我不能熟视无睹。出版家也非常的明白，就自动地来找我，告诉我他们是由香港转进的。过去，他们对发表的报社，已纳过版税。现在到了重庆，不管我版权谁属，凡是在重庆出卖的书，都打算翻印，也都给我百分之二十（新著），或百分之三十六（旧著）的版税。我当然也不过问过去，就和出版家订了新约。由三十一年到三十四年，在后方出版和翻版的共有二十几种之多。

五十一　土纸书

我在后方出的书，有一个特别的标志，那就是纸张是极恶劣的。因为在四川被日寇封锁之下，外国报纸是不能进去。在四川所有任何刊物，全是用土纸印刷。这类土纸，是用手工制造出来的，质料比江南所谓表信纸还要坏些，比北平的所谓豆纸，也高明无多。有个时期，北平有许多刊物，用片艳纸印刷，大家就都觉得不舒服。其实片艳纸还有一面是光滑的，而四川的土纸，两面都粗糙黄黑，不但印字不清楚，而且纸料太薄，光印的一面往往是"力透纸背"。平常的一份报纸，传观几个人，向口袋里一揣，再拿出来，那报纸就成了一团糟了。印书的纸，虽然尽量挑那好些的，可是印出书来，不清楚和"力透纸背"的事，依然在所难免。所以在后方小说得推销出来，那实在也足以证明精神食粮的缺乏，而有饥不择食之嫌了。一个在车站上等时间的朋友，他拿着一张报，可以看三四遍的，甚至报上的广告，他也可能一字不漏的看下去。我们可以知道，不是那张报编辑得连广告都精彩非凡，而是那个等时间的人，需要精神食粮，以度过他那枯燥无味的光阴。所以我想到，我一二十种著作，在后方以土纸印刷，都可以出几版，大后方的人需要书籍，是很可证明的。

中国的小说，还很难脱掉消闲的作用。除了极少数的作家，一篇之出，有他的用意。此外大多数的人，决不能打肿了脸装胖子，而能说他的小说，是能负得起文艺所给予的使命的。我承认那种土纸印的小说，尽管看了让人大伤目力，而读者还不过是消遣消遣。问题就在这里，我们是否愿意以供人消遣为己足？是否看到看小说消遣还是普遍的现象，而不以印刷恶劣而失掉作用？对于此，作小说的人，如能有所领悟，他就利用这个机会，以尽他应尽的天职。

这些土纸书，在胜利以后，也有人带到上海或北平来。大家看了，都摇头不止，不相信这种书可以卖钱。我这里就得附带一笔，有几部书，印刷也不坏。一来是带了上海的纸型，入川翻版，二来纸张也是好些的。

五十二　榨出来的油

现在我可以记一笔账，在抗战以后，在大后方完成和未完成的小说，是以下这些：《疯狂》，约五六十万字。《八十一梦》，约十七八万字。《牛马走》，约百万字。《第二条路》，约三十万字。《偶像》，约二十万字。以上发表于《新民报》渝蓉两版。《巷战之夜》，发表于重庆《时事新报》。《夜深沉》《秦淮世家》，各约三十万字。《水浒新传》，约六十余万字。以上在上海《新闻报》发表。《红花港》约二十万字，《潜山血》（未完），发表于香港《立报》。《大江东去》，约二十万字，发表于香港《国民日报》。《游击队》，发表于汉口版《申报》（未完）。《前线的安徽，安徽的前线》，发表于安徽《晚报》（未完）。《雁来红》，发表于《昆明晚报》（未完）。《虎贲万岁》，约四十万字，未在报上发表，由上海百新书店出书。《蜀道难》，约六万字。《负贩列传》（《丹凤街》），约二十万字，发表于《旅行杂志》。补足一部书，《中原豪侠传》，约三十万字。改掉一部书，《太平花》，约三十余万字。补足一集散文《水浒人物论赞》，约五万字。写成一集散文，《山窗小品》，约六万字。此外，各种散文，八年来，约写了一百四十五十万字。

八年的岁月，不算短暂，平均每日能写三千字的话，就当有八百多万字的作品。根据上面那些账，大概相去也不会太远。在生活安定的日子，文人可以去安心写作，这实在不算多。可是回想到那八年所度过的生活，就没有能写出这些文字的理由。当然，诗以穷而后工，这话还不能完全否定。但我作的不是成行的诗，而是连篇累牍的小说和散文。尽管不工，以量来说，以日计之，那是太平凡了。很多文人，伏在桌上，一口气就可以写三千字。而把八年的总和来计算一下，自己倒是要反问自己，我怎么会写出这些字来？

我还记得两个故事。一个故事是日本敌机群，八天八夜，对重庆作疲劳轰炸的时候，我在一座天然洞子外的竹林下，睡了三天三晚。白天怪心烦的，看上两页书，但并没有几个字印到脑子里去，而嗡嗡然的机群声，又在远处云天脚下发生了。输入都不能够，还谈得上什么输出？又一个故事，茅草屋顶，被风吹去了，成了个小天井，仰着竹板床上，可以吟那句"卧看牛郎织女星"的诗。这"烟士披里纯"（英语inspiration的音译，灵感的意思），并不怎么好。大雨来了，这屋顶天井，几条很长的水柱向屋子里斟着天然水，地面就成了河渠。我吃饭写字的那间屋子，就在隔壁，雨点向桌上飘，文具全为之打湿。躲向屋里一张小方桌上写字，倒是躲开了水灾。而四川乡下那种小黑蚊，小得肉眼看不见，这时全涌进了屋子。半小时之后，不但两腿奇痒难受，而且起疱之后，还相当地痛。这怎么能安心写稿呢？

可是在这两个故事过去之后，我立刻就得写。不写怎么活下去？我自己对自己的稿子，笑着下了一个批评，就是榨出来的油。

五十三　胜利后的作品

自从"九一八"以后，脑力劳动者就没有得着水平以上的待遇。抗战八年中，这辈人是更苦。日本人的无条件投降消息传来了，大家都唱着杜甫"白日高歌须纵酒，青春作伴好还乡"的闻捷诗。我也是被这天上掉下的胜利，冲昏了脑瓜。把写作生涯，暂时告一段落，预备东归以后，在半村半郭的地方，盖三间小屋，读书种菜，卖文课子，带着一群孩子们，实行我的口号：就是"出自己的汗，吃自己的饭"。东归计划，除了回乡探亲一省七旬老母，不曾变更而外，其余是全推翻了。我还是住在都市里，我还是当一名新闻从业员。

在胜利以后，币制是一直紊乱，物价是一直狂涨，对于国民党的金融政策，谁也不敢寄予以丝毫的信用。这样，自由职业者，就非常的痛苦，尤其是按字卖文的人，手足无所措。因为卖文的人，都是把稿子寄出去，一月之后，才能接到稿费的。可是这就是个无比的吃亏。月初，约好了每千字的稿费，也许可以买个两三斤米。到了下月初接着稿费的时候，半斤米都买不着了。有些收买稿子的报社和杂志社，体恤文人，也有半月一结账的，也有预付一部分稿费的，但这都不能挽救文字跟着"法币"贬值的命运。物价的跌跃，每月加百分之百以上，那是常事。稿费根本上不能按月调整，就是按月调整，也不能一加就是百分之几百。所以对任何收买稿件的人，订好了稿约，总维持不了两个月。到了后来，几乎寄一次稿子，就必须商量一次稿费。多数人如此，我也是这样。这种趋势，让写稿的人和收稿的人，都感到一种"过分的无聊"。既然无聊，这卖文生活，又何必去继续呢？

在这种情形下，胜利后的两年间，我试了一试卖文的生活，就戛然中止。所幸除了《新民报》经理职务的薪水而外，上海两三家书店的版税，依然是超过薪水的几倍收入，我不出卖稿子，也还不至于影响到生活。所以这期间，我只给《新民报》写了个长篇《巴山夜雨》，又给上海《新闻报》写了个长篇《纸醉金迷》，如此而已。这两部书，都是以重庆为背景的，在别人看来，不知作何感想，至少我自己是作了一个深刻的纪念。《巴山夜雨》在我收束之下，还没有把稿子重订，而时局已经变化了，只有将来再说。《纸醉金迷》在没有完篇的时候，已经被电影公司拿去作题材，上两个月，由我把上半部故事，编了一个剧本。这两年来，稿费的收入，可说是比抗战期间，无以加之。

到了民国三十六年，纸价已经贵得和布价相平了。上海的书商，有了纸张在手，宁可囤纸，也不印书，因之我在上海出版的二三十种书，全不再版。出版家虽也陆续的寄给我一些版税，较之三十五年，已不成其为比例。起初，我以为纸价的昂贵，影响到书的出版，这是暂时的现象，还忍耐地等待着，后来一月不如一月，我把版税当养老金的算盘，暂时就得搁上一搁，于是把那老话再拿出来，对家庭用度，要"开源节流"。"节流"除了吃的以外，一切以不办为宗旨，而"开源"只有多写文章出卖了。好在找我写稿子的人，倒是机会不断的。于是我又先后写了三个长篇是《一路福星》《马后桃花》《岁寒三友》。但这三篇小说，都因为稿费的商榷，不能得着一个合理的解决，都没有写完。最后有《雨淋铃》和《玉交枝》两篇，都是因交通中断而停止的。

为了交通关系，我也觉得向外寄稿，写长篇是不大好的，我很想改变作风，多写中篇。所以这两年以来，我很写了几个中篇，如《雾中花》《人迹板桥霜》，及最近写的《开门雪尚飘》。这一试验，并没有失败，将来，也许我常走这条路（这期间尚有《五子登科》长篇，连载北平《新民报》，未完，一九五六年续完后出单行本。中篇《步步高升》亦连载该报）。

五十四　伪书

由我写那篇不知名的小说提起，直到上节为止，关于我的小说，可以作个总账交代了。这仿佛是篇流水账，无情趣可言。但要详细地知道我三十多年的写作，不能不这样的报告。现在在总账以外，对写作生涯有关的，我摘要地要找几件事说一说。第一件，便是张恨水伪书了。

民国三十二年，舒舍予的夫人到了重庆，因老舍兄的介绍，我们认识了。舒夫人是由北平到后方去的。见了面，不免谈起一些北平的别后风光。舒夫人说了几件事之后，就提到我的小说，在华北，在伪满洲国出版的太多。她又笑说，"您不用惊讶，那全是假的，看过张恨水著作的人，一翻书就知道，那笔路太不一样了"。我当时相信事或有之，而伪书不会太多。及至我到了北平，据朋友告诉我的，和我在伪书底页上所看的广告，统计一下，实在让我大大的吃了一惊，这种书约有四十几部之多。这些作伪书的先生们，太给我捧场了，自己费尽了脑汁，作出书来，却写了张恨水的名字，这不太冤吗？不过一看了书的内容，甚至一看书的名字，就知道太冤的是张恨水，而不是作伪书者。记得这些书里，有一部叫《我一生之事情》。张恨水一生的事情，由张恨水自己写出来，这实在是不折不扣的黄色小说。喜欢低级趣味的人也好，好奇的人也好，怀疑的人也好，还有替我爱惜羽毛的也好，少不得要买上一本看看。而作伪书者其计得就矣。我不知道这书里，把我糟踏成个什么人物，以这种手段和张恨水作伪书，那不仅仅是骗读者的钱，对张恨水是恶意的侮辱，乃是无疑问的。记得我当《新民报》经理的时候，经理室的工友，就拿了一本张恨水作的肉感小说在看。同事拿来给我过目，我除了向工友解释，请他别看而外，我就难过了两天。可是我没法子把市场上这些伪书烧了，除了听其自生自灭，实无第二良策。

凡是彻头彻尾的伪书，究竟难逃读者之眼，我相信它是会消灭的，至少是三四年以来已不再版了。所难堪者，却是半伪书。怎么叫半伪书呢？就是把我的书，给它删改了，或给它割裂了，却还用我的名字，承认不是，不承认也不是，这都教人啼笑皆非。例如我在《晶报》上发表的《锦绣前程》，我是没有写完的，上海就有一家书店给它出了版。除了改名为《胭脂泪》而外（改书的人，可能不懂锦绣前程是什么意思），加了许多文字进去，而且把书足成。众所周知，我一贯的主张，写章回小说，向通俗路上走，决不写出人家看不懂的文字。而这位改写的人，就用的是空洞堆砌的美丽长句，时而通俗，时而高雅，这成何话说？又我写的《春明新史》，是用回目老套，也有人改了，改名为《京尘影事》（《京尘影事》应是经篡改的《斯人记》，而不是《春明新史》），一回分为两回，一个回目管一回，把书分成两集。这样一来，章法太乱，不但文不对题，甚至下文不接上文，简直一团糟。俗言道得好，"文章是自己的好"。我不敢说我的文章好。但我决不承认我的文章下流。七八年来，伪满洲国和华北、华东沦陷区，却让我尊姓大名下流了一个长时期，我想，社会上许多我的神交，一定为我叹息久矣！

我初回到北平的时候，有人问我："你在重庆开了豆浆店吗？"我说："何以见得？"他说："日本人的报上，这样登的。"我笑着说："这是抬举我，我在重庆过的日子，远不如开豆浆店的老板。"牛角沱和海棠溪，有几家豆浆店，早上的生意之好，那还了得？我若能在重庆开八年豆浆店，我真发财了。但日本人原意决不是抬举我，这和作伪书的人自己费笔墨，替张恨水出名，其用意是一样的。

五十五　我死了

提起我开豆浆店的笑话，就联想到日本人传说我死了！这也很有趣。事情是这样的：大概是民国三十年秋夏之间，乡居无事，又不免发点牢骚，作了若干首村居杂诗。其中有一首这样说：

茅草垂檐漾晚风，蓬窗斜卧一衰翁，
弥留客里无多语，埋我青山墓向东。

这当然说的是另外一个衰翁（当时，我才四十几岁，既不衰，也非翁）。假如衰翁是我，我死了，怎么还能作出这么一首诗呢？除非是我死了又返魂，或者是有人扶乩，我降坛作诗。不然，这话是说不通的。然而这些村居杂诗，香港的报纸转载了，沦陷区的各处报纸，再转载了。日本人就神经过敏地，在我诗的后面，加上按语，说我死了，这是我的绝笔。意思就说：中国的文人啦，你们别抗战，抗战就同张恨水一样，饿死于重庆。

当今之时，文人发牢骚，实在也当考虑。记得我在重庆作的一些打油诗或歪诗，凡是悲叹生活艰苦的，只要是登了报，不用多久，日本人报纸，就转载了。他决不是捧场，而是反宣传。记得某老悲痛他大小姐之夭折，以新四军之被解散，他曾吃过一瓶"奎宁丸"，这很给当时重庆文艺界一个刺激。报纸上不免宣传一番。而这事辗转到了日本人报上，就是加倍地渲染，也作了很热闹的反宣传。所以在这些关节上，文人下笔，倒是不可不慎的。

五十六　故事的利用

小说就是小说，并不是历史，我已经说过了。但例外的将整个故事拿来描写，这事也不能说绝无。若以我从事写作三十年而论，这样的事情，也有两回。

第一回，我替《申报》"春秋"写的《换巢鸾凤》，就是有故事的，而且是受朋友之托的。在一个秋天，苏州的一位朋友，请我由上海到苏州去看菊花，并介绍许多苏州文人和我见面，我是个忙人，不能有此雅兴。不过那位朋友郑而重之的写了封信给我，叫我务必去一天。意思并不光是要我去雅叙一番。我就只好坐快车去了。朋友是亲自在公园的菊花会上，把我接到他家。他家也小有花圃，畅叙之后，他把我引到内书房，拿了他私人许多秘密文件给我看。他说：这是他生平一件伤心事，在过渡时代，他和另一个女子为旧礼教牺牲了。这事虽已过去了二十多年，但这心灵上的创痕，却是不可磨灭。他希望我运用这个故事，作个反封建的长篇小说。我当时曾笑说，你何不自己写呢？他说，那会犯主观的毛病，会把主角写成两位圣人。我倒是赞成他的话，我就答应了下来，写了这部《换巢鸾凤》。可惜书没有写成功，中日战起，就中止了。

另外一件事，就是写《虎贲万岁》，这已经交代明白了，不再赘述。不过《换巢鸾凤》和《虎贲万岁》不同。后者，我根据了参考文件，真名真姓真时间真地点，我都给他写出来了。前者却把这些都换了，只留下了那类似悲剧的故事。此外，有一半运用故事，一半是抽象的，那就是《欢喜冤家》和《大江东去》。《欢喜冤家》是间接的传来一个故事，那是可以反映出女伶的生活的痛苦的，这是个社会问题。《大江东去》呢，一半是人家传说的事，一半却是主角自己叙述他亲身的遭遇。也是抗战中一个社会问题。因此，两个故事，内容都是现成的小说题材。我自然不会放过这种题材的，所以我都把它写成了。

底稿·尾声

文人写文的习惯不同，所用的工具也各有不同。在胜利以前，我写散文，还不用钢笔，因为我写成了习惯，用毛笔并不比钢笔慢。但去年利用了报社里的破纸头印了稿子纸，因为比普通纸厚得多，我就试用自来水笔，结果，比毛笔快些，我就改用了钢笔了。但我向外寄的小说稿，二十多年来如一日，我总是用铅笔和复写纸。这样，寄出去的稿子，挑选那清楚的一份，留下那较为模糊的，作为底稿，以便自己参考。我并没有估计到，在文字登过报或印过书以后，这底稿还会有多大的用处。到了民国三十六年（一九四七年），我发现底稿有用了。在四川江津的中央图书馆，曾写了两封信给我，问我写的作品，有多少底稿。他们希望我把这底稿捐赠给图书馆。但是在战前我写的底稿，早是片纸不存了。在四川写的底稿，虽然有，却是拿不出去。它是用类似竹纸的夹江薄纸复写的。复写纸印出的一张，比较清楚，我都交出去了。留下来的是浮面铅笔写的一张，只有些清淡的铅笔影子，而且有些纸已经划破了。我只好函复江津图书馆无以应命。后来，我写《虎贲万岁》，因为不是寄给报馆的，就用毛笔写，全书完工，誊录了一份，拿去印书，自己保留着原稿。这要算是生平写作中最完备的一份底稿了。

写到这里，关于我的写作生涯，仅仅是直接和文字牵涉，我都已略略谈到。若要再详细的写，更写这么多的文字，未必可以谈完，我想适可而止，就此打住罢。零零碎碎写到现在，我也是粗分个大纲，想到就写，何者是读者所愿意知道的，何者是读者所不喜欢的，我不能知道。但我相信，这篇写出以后，对于爱好我小说的读者，总可以加进一层认识的，在我自己而言，应该不会是白写。其余的只好作覆瓿之用了。

我的小说创作过程

　　我从小就喜欢看小说，喜欢的程度，至于晚上让大人们睡了，偷着起来点着灯。所以我之吃小说饭，似乎是命中注定的了。在我十二岁的时候，我看到金圣叹批的《西厢》，这时，把我读小说的眼光，全副变换了。除了对故事生着兴趣外，我便慢慢注意到文章结构上去，一直到现在，都是如此的。十四岁的时候，我看过了《水浒》《七侠五义》《七剑十三侠》之后，我常对弟妹们演讲着，而且他们也很愿意听。那时，我每天进学校，晚上在家里跟一位老先生学汉文，伴读的有两个兄弟，一个妹妹，还有一个亲戚。若先生不在家，我便大谈而特谈。不知哪一天，我凭空捏造了一段武侠的故事，说给他们听，他们也听得很有味。于是这一来，把我的胆子培养大了。过了两天，我就把这捏造的故事扩大起来，编了几回小说，这小说究竟是几多回，是什么名字，我都忘记了，仿佛着曾形容一个十三岁的孩子，能使两柄大锤，有万夫不当之勇。

　　上面是我做小说的初期。照说，我应该继续作下去，然而我忽然掉了一个方向，玩起词章来。词曲一方面，起先我还弄不来，却一味的致力于诗。在十四至十五六岁，我几乎与小说绝了缘。十七岁之时，我无意的买了一本《小说月报》看，看的很有趣，把小说的嗜好，又复提起。十八岁的时候，我在苏州读书，曾作两篇短篇小说，投到《小说月报》去。那时，主编的是恽铁樵先生，他接得我的稿子，居然回信赞许了我几句，我简直大喜若狂，逢人便告，以为我居然可以作小说了。这两篇小说，一名《旧新娘》，是文言的；一篇《梅花劫》，是白话的。当然幼稚得可怜，谈不上结构了。可是我眼巴巴的天天望《小说月报》发表哩！未免可笑。

有了这样一个过程，我作小说的意思，不断发生。十九岁二十岁之间，我因家贫废学，退居安徽故乡。年少的人，总是醉心物质文明的。这时让我住在依山靠水的乡下，日与农夫为伍，我十分牢骚，终日的疯疯癫癫作些歪诗。作诗之外，作笔记作小说。不过虽然尽管高兴的向下作，却始终不曾发表过。二十一岁，我重别故乡，在外流浪。二十二岁我又忽然学理化，补习了一年数学。可是，我过于练习答案，成了吐血症，二次回故乡。当然这个时候耗费了些家中的款子（其实不过二三百元，然而我家日渐中落，已觉不堪了），乡下人对于我的批评，十分恶劣，同时，婚姻问题又迫得我无可躲避。乡党认为我是个不可教的青年，我伤心极了，终日坐在一间黄泥砖墙的书房里，只是看书作稿。我的木格窗外，有一株极大的桂花树，终年是青的，树下便是一院青苔，绝无人到，因此增长了我不少的文思。在这时，我作了好几部小说，一是章回体的《青衫泪》，体裁大致像《花月痕》，夹着许多词章，但是谈青年失学失业的苦闷，一托之于吟风弄月，并不谈冶游。此外有一篇《紫玉成烟》，一篇《未婚妻》，是文言体，长数千字，朋友看见曾说不错，又有一篇笔记叫做《桂窗零草》，朋友也很赞许的，然而除了《紫玉成烟》而外，其余的都放在书箱里成了烂纸，未曾进过排字房。

二十四岁，我在一家报馆里当编辑，我曾把《紫玉成烟》发表了。这书一发表，很得一些人谬奖，于是我很高兴，继续着作了一篇白话长篇《南国相思谱》，我在文字结构上，自始就有点偏重于辞藻，因之那个时候作回目，就力求工整。较之现在，有过之无不及。记得这时，我的思想，完全陶醉在两小无猜、旧式儿女恋爱中，论起来，十分落伍的了。同时我在上海的《民国日报》发表了两篇讽刺小说，有一篇名为《小说迷魂游地府记》，我渐渐的改了作风，归入《儒林外史》一条路了，这一篇小说曾在《小说之霸王》的单行本里殿后，这大概是我的拙作与世人相见的初程了。

五四风潮后，我读书的兴致又起，我就当了衣服，到北平去投考北大，不料一到北平，就加入了新闻界，使我没有时间读书，在这时芜湖的报馆要我作了一部《皖江潮》，里面是说一段安徽政潮，充满了讽刺的意味，芜湖人很高兴的看，我的胆子大了，笔路由此熟了，对于社会上的人物，就不时的加以冷静的观察，观察之后，我总是感着不平，心里便想写一部像《儒林外史》《官场现形记》的小说。但是，这两部书，有一种毛病，就是说完了一段又递入一段，完全没有结构，因之，我又想在这种社会长篇小说里，应该找出一个主人翁来，再添几个陪客穿插在里面，然后读者可以增加许多玩赏之处。自有了这个意思以后，恰好有朋友找我编副张，并约我作小说，于是第一部最长的小说《春明外史》就出现了。

《春明外史》，日在报上发表，前后登有五年。约一百万字，在我自己的拙作里，算是卖力的了。因此读者一方面倒也不菲薄它。但是这书出世以后，却添了一种意外的麻烦，就是读者往往将书中人物，一一索隐起来，当做历史一样来看。其实小说取一点时事作背景，原极寻常，只是这种事，整个儿搬来，整个儿写上，等于一张纸了，有什么意味呢？所以《春明外史》的事，依然楼阁凭空的多，因为楼阁凭空的多，所以我插进去几个主角来贯穿全局，非常之便利。这种主角出台，我总加倍的烘托，这才把书中一二百人都写成了附带的东西，使读者不至于感到累赘，把这法子说破，就是用作《红楼梦》的办法，来作《儒林外史》。在作《春明外史》期间，我的长篇，便不断的在报上披露，我自己认为还满意的，就是《天上人间》，这部书先登在北京《晨报》，后来《晨报》停刊，改登《上海画报》。我写这部书，换了一个办法，用双管齐下法，就在同一时代，写一双极不同的女子，互相反映，陪客也是这样，可是《上海画报》是三日刊，全书不容易速完，未免减一笔呵成的势子。此外就是我也很喜欢作短篇，若是整理一番，或者可出一本小册子。现在我总报告一下，这几年来，除了我编报时，每日千百字的小文不算，单是小说稿子，字数在五百万以上了，这五百万字，以一元千字计算，我也当有五千元财产，然而我到现在为止，还是穷光蛋一个，而且我不曾有一日狂嫖浪赌，——得着物质上的享受，卖文是这样的劳，又是这样的苦，然则我烦腻作小说乎？那是不可能的，而且明窗净几，月夕花晨，有时我也感到一种兴趣，不过为了职业关系，无论有趣无趣，我总是要继续的往下作。在这样旦旦而伐之的时候，何日弄得倒了铺底，拿不出货来，我是不敢预言的。因之，我为了职业关系，很是惧怕，一方面我对于现代社会，求着新认识，一方面我自己限制一下，无论如何，每日至少看一点钟书，因为这样，我学了不少乖，不断发现自己的短处。

中国的文学书里，并无小说学，这是大家知道的。我对于外国文，又只懂一点极粗浅的英文，谈不到看书，所以我研究小说并没有整个儿由小说学的书上得来，虽然近代有小说学的译品，可是还不是供我们参考，所以我于此点，索性去看名家译来的小说了。名家小说给我印象最大的，第一要算是林琴南先生的译品，虽然他不懂外国文，有时与原本不符，然而他古文描写的力量是那样干净利落，大可取法的。此外我喜欢研究戏剧，并且爱看电影，在这上面，描写人物个性发展，以及全部文字章法的剪裁，我得到了莫大的帮助。关于许多暗示的办法，我简直是取法一班名导演。所以一个人对于一件事能留心细细的观察，就人尽师也。我的书桌上常有一面镜子的，现在更悬了一面大镜子在壁上，当我描写一个人不容易着笔的时候，我便自己对镜子演戏给自己看，往往能解决一个困难的问题。老实说，这就是自己导演自己。有时关于一事一物不能着笔的时候，我也不怕费事，亲自去考察，纵然不能考察，我必得向知道的，细细打听一番，若是无可考察，无可打听，我宁可藏拙不写了，这或者是我特别向读者讨好的地方。

我从前写小说，大半是只有一点印象，然后就信笔所之的向下写，自从去年以来，我改了方针，必得先行布局，全书无论如何跑野马，不出原定的范围。《啼笑因缘》一部书就是如此的。我的胆子仿佛现在是越来越小了，或者会令我的作品好一点，或者会斫伤元气一点，那不可知，只好证之将来吧。

谈到《啼笑因缘》未免使我惶恐万分，我作这书的时候，鉴于《春明外史》《金粉世家》之千头万绪，时时记挂着顾此失彼，因之我作《啼笑因缘》就少用角儿登场，仍重于情节的变化，自己看来，明明是由博而约了，不料这一部书在南方，居然得许多读者的许可。我这次南来，上至党国名流，下至风尘少女，一见着面，便问《啼笑因缘》，这不能不使我受宠若惊了。其实《啼笑因缘》究竟有什么好处，我真不敢说，大概对于全部的构成以至每人个性的发挥，我都使他有些戏剧化，或者是此点可以见得我卖力吧？可惜许多批评者，都是注重结果方面，却没有给我一种指示，这又是使我迷惑的事。我极力在描写上讨好，而书中的事实倒盖过去了。在写《啼笑因缘》前后，我也曾作了一部国术小说。说一句笑话，那是反串吧？但是我所写的并不是侠客嘴里吐出一道白光，乃是洪杨而后，几个散在江湖的豪士。故事也并非完全杜撰，得之于先祖父、先父所口述下来的，说一句惭愧的话，我现在手无缚鸡之力，原来倒是真正的将门之子。这一部书登在北平《新晨报》上，共有十回，只成了一半，因为某种关系，没有作完，可是我所知道的故事，也不过如此，也有点江郎才尽之叹了。

此外，关于我的小说事业，除编撰而外，一年以来，我有点考据迷，得有余暇，常常作一点考证的工夫。起初，我原打算作一部中国小说史大纲，后来越考证越发现自己见闻不广，便把大计划打消，改了作中国小说史料拾零，最近我又怕人家误会是不片断的，改名中国小说新考，万一这部书能成功，也许对中国文学问题有点区区的贡献。

野马跑得太远了，可以止住了。最后我要声明一句，我这篇文字，完全为了朋友的关系，不得已，实实在在的报告我的治业经过，我决不敢自吹自播，妄出风头。读者能给予我一种教训，我认为是至好的诤友，一律诚意接受。一个人无论做什么事，不怕自吹他的长处，却怕善于改正他的短处。短处岂能自知？这就在乎他人的攻错了。如此，我这篇文字不是自炫，读者一定可以谅解的。

原载1931年1月27日—2月12日《上海画报》

我的创作和生活

　　七十年来，我当记者和写章回小说的生涯占了五十年。有人问我是怎样当新闻记者的，我想若和今天的同行们比，我们那一代只能以骆驼比飞机了。不只肩负的使命不同，生活也不同。至于章回小说，我也学着写了好几十部，只能算是章回小说"匠"，不敢称"家"。一部分书当年也曾风行一时，但今天回想起来，我那些书若是经时代的筛子一筛，值得今天的读者再去翻阅的，也许所剩不多了。

　　现在且不说我的小说，留着下面去谈。我先写自己的生活过程，由此读者也可以知道我写小说汲取材料的源泉。我南南北北地走过一些路，认识不少中下层社会的朋友，和上层也沾一点边，因为是当记者，所见所闻也自然比仅仅坐衙门或教书宽广一些，这也就成为我写章回小说的题材了。

　　我祖籍安徽潜山，一八九五年农历四月二十四日出生于江西广信（上饶一带），原名张心远，笔名恨水。为什么叫"恨水"呢？这也使许多朋友奇怪，为什么别的不恨，单单恨水呢？这是因为我年轻时，很喜欢读南唐李后主的词，他的《乌夜啼》里有一句"自是人生长恨水长东",我觉得这句很好,就取了个"愁花恨水生"的笔名。后来在汉口小报上投稿,就取了"恨水"作笔名。当了记者以后,这就成了我的正名,原来的名字反而湮没了。名字本来是人的一个记号,我也就听其自然。可是有许多人对我的笔名有种种揣测,尤其是根据《红楼梦》中"女人是水做的"一说,揣测的最多,其实满不是那回事。

一 十三岁仿作武侠小说

由于父亲早年在江西卡子上做税务工作,因此我的童年是在江西度过的。

当我十岁边上,我父亲接我们到新城县去(新城后改名黎川县),坐船走黎水直上。途中遇到了逆风,船上的老板和伙计一起上岸背纤,老板娘看舵。我在船上无事,只好睡觉。忽然发现船篷底下有一本绣像小说《薛丁山征西》,我一瞧,就瞧上了瘾,方才知道小说是怎么一回事,后来我家里请了一位先生,这位先生也爱看小说,他常带一本《三国演义》来,我有机会也拿起来看一点。我又在父亲桌上找到了洋装的《红楼梦》,我读了造大观园一段,懒得再看,我正要看打仗的书呢。

这以后我就成了小说迷。我把零用钱积攒下来,够个几元几角,就跑到书铺子里去买小说书。有时父亲要审查,他只准我看《儒林外史》《三国演义》之类,别的书往往被扣留,有时还要痛骂一顿。于是我就把书锁在箱子里,等着无人的时候再拿出来看。尤其是夜里看最好,大家睡了,我就把帐子放下,把小板凳放在枕头边，在小凳上点了蜡烛，将枕头一移，把书摊开，大看特看。后来我父亲知道了，每晚都要查上一查，他说十二点以后该睡觉了，在床上点蜡烛太危险，这时他对我看小说也不太反对，索性管我叫"小说迷"，我母亲也不管了，渐渐地我有了两三书箱的小说书。

我十一岁时，祖母在故乡死了，父亲带了我返里。家里有残本的《希夷梦》《西厢记》《六国志》（写孙庞斗智）等。不久我们又回南昌，这时我十三岁，开始学着写小说，在一个本子上写以小侠为主人的小说，因为我这时看的小说以武侠为大宗。我写的小侠使用两把铜锤，重有一百多斤，一跳就可以跳过几丈宽的壕沟，打死了一只老虎。我这样写小说，有谁看呢？只有我兄弟、我妹子下学回来无事，各端把矮椅子将我围住，听我讲书，讲的就是我自编的小说，他们居然听得很有味道。因为我写小说以后才发现写了两三天，拿来给他们讲解时，不到一小时就完了。我自己感到这是一个供不应求的艰巨的工作。

我还记得，这个稿本，是竹纸小本：约有五寸见方，我用极不工整的蝇头小楷，向白纸上填塞。有时觉得文字叙述还不够劲，我特意在里面插上两幅图画。所画的那位小英雄，是什么样子，我也印象不清了，只是那两柄铜锤，却夸张地画得特别大，总等于人体的二分之一。那只老虎，实在是不像，我拿给弟妹们看时，他们说像狗。这给予我一个莫大的嘲笑，恰成了那个典：画虎类犬了。

二　上了经馆和学堂

　　回到南昌以后，我父亲在新淦县三湖镇找到了工作。这里有一道漳江，两岸都栽了橘子树，我的家就像埋在橘子林里。我在家里学了一些八股文。我作过"起讲"，也学了诗，懂了平仄，学作过五绝。我记得在"两个黄鹂鸣翠柳"一题里，我有这样十个字："枝横长岸北，树影小桥西。"后来我懂一点诗，觉得这根本不合题。但我初学作诗，确是这样胡乱堆砌的。这作风，大概维持了两三年之久。我到了三湖，觉得在这里住家非常的好，这里有大河激浪，橘树常绿，心想如此诗境多么好，就从这里学起诗来吧。我就常在橘林边的白沙堤上散步，堤外有一道义渡，堤上有一座小小的塔，比在城市小巷里接近大自然得多了。

　　这时我父亲要我在古文上下点功夫，再送我上学堂。正有一位古文很好的萧先生在附近开设了一座经馆，父亲就送我去念书了。在从前，父命是不能违抗的。这经馆周围的风景比我家还美，四周全是橘子林，门口有一条石板路，闪开一片大空场，场里有水井，橘林外便是漳江，经馆是姓姚的一个祠堂，院里有两棵大树，若是晴天，太阳穿过大树，照见屋里碧油油的。最妙的是萧先生收了一个姓管的学生，他们家里买了许多小说，我们在一个房间攻读，他和我很要好，常把书带来借给我看。我就这样读了不少章回小说，无形中对章回小说的形式和特点有了一些体会。

　　在经馆里读了一年书以后，我已十四岁了，父亲又把我送入学堂。这时我不只看小说，还看书评。不过，那时候的书评，没有后来风行的书评那么尖锐和细致，但是也可以帮助我懂得哪样书好哪样书坏了。譬如白话小说《儿女英雄传》，我就看着他的言词句子不错，但对人物刻画就差一些了。

那时候，商务印书馆出了《小说月报》杂志，我每月买一本，上面有短篇长篇创作，有翻译小说，使我受益匪浅，于是我懂得买新书看了，跳出了只看旧小说的圈子，也可以算作一种跃进吧。我仔细研究翻译小说，吸取人家的长处，取人之有，补我所无，我觉得在写景方面，旧小说中往往不太注意，其实这和故事发展是很有关的。其次，关于写人物的外在动作和内在思想过程方面，旧小说也是写得太差，有的也是粗枝大叶地写，寥寥几笔点缀一下就完了，尤其是思想过程写得更少，以后我自己就尽力之所及写了一些。

我在学堂里读了一阵书，父亲又把我送到南昌敬贤门外的甲种农业学校去读书，但是不到一年，父亲去世了，母亲就带了我们子女回安徽潜山乡间老家，我的学校生活也中止了。我很忧愁，但是读小说的习惯却依旧。我那年十七岁，写了一篇四六文章的祭文，大胆地为父亲除灵举行家祭的灵堂上宣读起来，把稿子也焚化了。我这时有些自负，对乡间那些秀才贡生不怎样看得起，没有什么朋友。家中有一间书房，窗外有桂花树，我常临窗读书，同乡人因而送了我一个外号，叫我"大书箱"，意思是我只知念书。我那时真是终日吟诗，很少过问身外之事。

三 从垦殖学堂出来，去演话剧

我在乡间过了半年多，有一个叔伯哥哥叫张东野，笔名张愚公（新中国成立后曾任合肥市副市长，全国人大代表），当时在上海警察局当局长，他觉得我不读书未免可惜，就叫我到上海去，打算让我读书。我到了上海之后，他打听到苏州办了一个蒙藏垦殖学堂，我去考中了，就在苏州住下来，这也为我日后写小说写了一些苏白进去打了底子。

垦殖学堂就在苏州留园的隔壁，到寒山寺和虎丘都很近。我那时是个贫寒学生，也不敢乱跑，课堂是楼房，打开窗户，附近人家，麦地桑田，小桥花巷，都在目前。我在课余就拿了书本靠在红栏杆之旁细细地看。这时期我读了《随园诗话》《白香词谱》《全唐诗合解》等。楼底下是花园一角，我也常去玩，高兴起来就题几句诗。

我在苏州读书，当然很好，可是我没有钱用，于是想起投稿来。我试写了两篇短篇小说，一篇叫《旧新娘》，是白话的；另一篇叫《梅花劫》，是文言的。这时大概是一九一二年或一九一三年。我当时没有一点社会经验，并不十分懂得什么叫"劫"，什么叫新旧，姑且一写就是了。稿子写好了，我又悄悄地付邮，寄去商务印书馆《小说月报》编辑部。稿子寄出去了，我也只是寄出去而已，并没有任何被选的幻想。可是事有出于意外，四五天后，一封发自商务印书馆的信，放在我寝室的桌上。我料着是退稿，悄悄地将它拆开。奇怪，里面没有稿子，是编者恽铁樵先生的回信。信上说，稿子很好，意思尤可钦佩，容缓选载。我这一喜，几乎发了狂了。我居然可以在大杂志上写稿，我的学问一定是很不错呀！我终于忍不住这阵欢喜，告诉了要好的同学，而且和恽先生通过两封信。但是我那两篇稿子，一月又一月，一年又一年，直到恽先生交出《小说月报》给沈雁冰先生的那一年，共有十个年头，也没有露面。换句话说，是丢下字纸篓了。这封信虽然是编辑部对一般作者的复信，但是对我的鼓励却很大，后来我当了五十年的小说匠，他的这封信是对我起了作用的。

我在垦殖学堂读了一年书，正值"二次革命"起来了，我们这学校是国民党办的，所以也成了讨袁军的一支力量，把写了"讨袁军"字样的旗子挂起，可是没有几天就垮台了，学校也就解散。

这样一来，我又失学了，可是我还没有死心，带了四五元钱去到南昌，找了一个补习学校补习英文、算术。想考大学，但是家中没钱，父亲过去在南昌置了点房产，所收房租只够我付补习学校学费的，借债不是个长局。后来母亲把房子卖了八九百元钱，由她收管度日，我不便拿。为了找出路，我就带了一包读书笔记和小说到汉口去了，因为有个本家叔祖张犀草在小报馆里当编辑。他虽然大我两辈，年龄却比我大得有限，他认为我的诗还不错，就叫我投给几家报馆，但是并不给稿费，当时的小报馆都穷得很，于是我的诗开始问世，却还没发表小说。

这时，我的堂兄张东野已到长沙改行演话剧，取了个艺名叫张颠颠，而且演得很红。不久他也到汉口来，在汉口没演成，又要到常德去，我于是也随他到湖南去了。

我堂兄在常德参加的那个话剧社里有两位知名的话剧家，

一位是演生角的李君磐，一位是演旦角的陈大悲。我去了，也参加演出，头一场演《落花梦》，派我一个生角，是个半重要的角色，大家认为我演的还不错，就是说话太快了一点，派戏人说，演演就好了，我听了也很高兴。初步定了我三十元的月薪，李君磐和陈大悲也不过百多元。不过薪金是有名无实的，我从没拿过三十元，十元也没拿过，但是伙食很好。我的另一件工作是编说明书，一张说明书不过三五百字，没有什么为难，我的工作不忙，有时就约朋友出城去玩。

混到阴历年边，剧社就派了一个分班到津市去演出，我也去了，在这个小码头上演，生意却很好。两个月后又到澧县，在这里演了两个月，好消息来了：袁世凯死了，我们全班人马要到上海去演戏，我分了三十多元薪金，够我到上海去的路费了。

到了上海，有个芜湖《皖江报》的编辑郝耕仁和我堂兄住在一起，他大我十岁，是前清一个秀才，写得一笔好字，能诗能文，他看我一点点年纪，和我堂兄一路瞎跑瞎混，认为究竟不是路子，他劝我，既有这番笔墨，可以到内地去找个编辑做做。这番话给我相当影响，但是一时没有办法。我随了李君磐的戏班到了苏州，可是因为我苏州话说不太好，只得又随另一批人到南昌去演戏，仍旧穷得混不下去，我就借了路费回了安徽老家。

四　和郝耕仁去卖药

我回家时二十二岁，自己打算读些书再找工作不迟。于是在家中百事不问，一径地看书。也试写了几篇小说，有《紫玉成烟》《未婚妻》等，都是文言的。

过年以后，接到郝耕仁来信，约我一起去卖药。郝的理想是渡长江，穿过江苏全境，进山东，再去北京。至于药，他家有祖传的，沿途还可以买，不用发愁。我正无事可做，心想跑跑长途也好。到三月初，我和他在安庆会面，就同行到了镇江，又坐上到仙女庙的船过江。仙女庙是个小镇市，我们在一家小客店落脚，临近就是运河，有一道桥通到扬州，那晚月色很好，我们俩在桥上闲步，看到月华满地，人影皎然，两岸树木村庄，层次分明。有渔船三五，慢慢地往身边走，可是隐约中不见船身，只见渔灯，从这里顺流而下。郝耕仁说，这里很好。他要吟诗，于是就乱吟一阵。眼见月亮西斜，我们才回小客店。第二天我们到邵伯镇去，只有二三十里路程，当然是步行而去，这日天气很好，我们背了小提箱，且谈且走，村庄里树木葱茏，群鸟乱飞，田野中麦苗初长，黄花遍地，农民背着斗笠，在麦地里干活。

原来邵伯镇很繁盛，镇上什么东西都有的卖。我们在一家旅馆歇下，旅馆经理是个小官。门口两个长脚灯笼上写着"九门都统"衔，分明是个北京官了。我们写店簿的时候，在职业项下填了一个"商"字，茶房不信。回头经理也来了，他说我们虽然是送药来卖，可是要找个保才行。郝耕仁出去找了一个西药店的经理，把这番出来卖药的经过谈了，那位经理很同情，但是他劝我们不必远行了，说这一带是给军人统治，要小心些，最好还是回去为妙。他替我们作了保，还借给了路费，我们就在次日离开了邵伯镇返回南方。

我们又想到上海去看看，就搭了一种"鸭船"，就是船头上堆满了鸡鸭笼子的船，风把鸡鸭屎的臭味直送向乘客，蚊子也多得没法扑打。我说出门真难，郝耕仁说这不算什么，昨天我们在旅馆里的时候，茶房就轻轻对我说，镇上保卫团里的人已经住到我们对过房间里来，只要他说声"捉"，我们就得跟了走。我听了说，这好险啊，想到这，鸡鸭齐叫，臭气熏人，蚊子乱咬，也就不在乎了。鸭船到了通扬州的大河港口就靠了岸，他们的鸡鸭在此等轮船运到上海，我们也在这里投宿一家小旅馆，是一间统舱式的茅草棚子，里面架了成行的木板当床，被子很脏，还有膏药的黑点子，跳蚤也多，但是比鸭船要好一点，我们就出了几个铜板，安歇一晚。旅馆老板大声说，轮船要到第二天九点钟才到，不忙，客人睡吧。我一觉醒来已经七点钟，郝耕仁已到街上去了。这种旅馆是不供应水的，要洗脸漱口，须要到街口茶楼上去办。郝耕仁兴致很好，喝了酒，吃了猪肝，我吃了包子。我们上船较迟，在一个汽洞里安身。在船上只能买豆腐乳下饭，统舱是不供菜的。

五　到芜湖当报馆编辑

在上海找不到出路，郝耕仁和我只好各自离去，他回芜湖报馆当编辑，我回家去自修。半年以后，郝耕仁给我来信，他要到湖南一个部队朋友那里去做事了，芜湖《皖江报》编辑的事可以由他保我接任。我决计边学边作，就向母亲要了四元钱路费动身到芜湖去。

我的记者生涯开始了，这时我已二十四岁。《皖江报》的编辑张九皋领我会见了谭经理，他们信得过郝耕仁，也就信得过我。分派给我的工作是每天写两个短评，还要编一点杂俎，新闻稿子缺少，就剪大城市报纸，工作并不难。我初作头一天怕不合适，把短评给经理看，他说很好，我心想这一碗饭算是吃定了。另外几个编辑是能编不能写。当时张九皋月薪八元，李洪勋六元，曹某五元，给我也定了八元。一共就是我们四个人在编辑部里，张九皋自己在外面还办了一个《工商日报》，曹某在那里兼校对。李洪勋在《皖江报》编地方新闻，照例各公署会给他一点好处。我倒也不在乎钱多钱少，好在伙食相当好，待我也客气，我自己有个房间，可以用功，因此种种，我倒很安心工作。到了晚上，作好了两篇短评，就和李洪勋上街去玩玩，吃碗面，再来几个铜板的熟牛肉。

李洪勋说："你老兄笔墨很好，要是到大地方去，是很有前途的，何必在这里拿八元钱一个月呢。"我说："你这话也许不错，但是要慢慢地来，我碰了不少钉子，凡事要有一定的机会。"不久，报馆里知道我是呆不长久的了，谭经理就给我加了四元月薪，还许愿说，将来给我在马镇守使那里兼个差使。其实我对钱并不看得那么重，我对谭经理说不必多心。

一九一九年，五四运动起来了，南北青年都很激动。我们也很关心，就在报上办起周刊一类的东西。经理看着我们办，并不说话。

报馆里除了我们四个编辑外，有一个人专收广告，一个人专管财务，三个人摇机器。只有一架平版机，排字房里有十来位工人，一天印个千把份报纸，每日下午三四点钟，就得等看上海报，以便剪用。

上海的《民国日报》是国民党办的，有一个《解放与改造》副刊，我的第一篇小说就在那上面发表，一起是两篇：《真假宝玉》和《小说迷魂游地府记》，一共一万多字。《民国日报》很穷，也是不给稿费的。后来出了书，名为《小说之霸王》。我在《皖江报》上写的《皖江潮》长篇小说，因我去北京而中止。

我上北京，是一个叫王夫三的朋友鼓励我去的。他在北京，因事南下时碰到我，保我能在北京找到饭碗。于是我就把皮袍子送进"当铺"当了，又蒙一位卖纸烟的桂家老伯借给我一些钱凑作路费，动身去北京了。

六 到北京去

到了北京，王夫三引我去见秦墨晒，这位老记者如今还健在。他先是给《时事新报》发电报，后来又当《申报》记者。秦表示很欢迎我，要我每天发四条新闻稿子，新闻来源他们那里有，决定每月给我十元月薪，如果稿子多，还可以外加。王夫三替我表示，我来北方是为了学习，目的不在钱。秦说：那就很好。于是先借我一个月的工资，我赶快寄还给芜湖那位借给我钱的桂家老伯。

我住在会馆里，每月房饭也要十多元，一切不用自己操心，自己可以用功，我这时努力读的是一本《词学全书》。每月从秦墨晒家回来，就摊开书这么一念，高起兴来，也照了词谱慢慢地填上一阕。我明知无用，但也学着玩。我的小说里也有时写到会馆生活和人物，也写点诗词，自然与这段生活有关了。

一天我在交过房饭费后，只剩下一元现大洋了，这一块钱怎么花呢？恰巧这时梅兰芳、杨小楼、余叔岩三个人联合上演，这当然是好戏，我花去了身上最后一块现大洋去饱了一下眼福耳福。有一个朋友方竟舟以前也在安徽报馆工作过，彼此熟识，一天他对我说，你口袋里的钱已经不响了，大概缺钱用了吧？有个朋友成舍我在《益世报》做事，想找一个人打下手，你去不去？我好在下午和晚上没有事，很愿意兼个差事，就答应了。经他介绍我就认识了成舍我。成又给我介绍了经理杜竹萱。《益世报》是天主教办的报纸，所以杜说，在新闻和评论方面只要不违背天主教就行，此外随便说什么都可以。至于我的工资，规定是三十元一个月。

《益世报》当时在新华街南口，除了总编辑成舍我外，有吴范寰、盛世弼、管窥天和我几个编辑，还有两个校对，另有主笔一人，每天做一篇社论。社址有三进房屋，前面一排是营业所，有两个人收广告管财务。中进是排字房，有二十几位工人，还有两架平版机和一架小机器，两侧是堆纸的屋子。经理室、编辑部、厨房全在后进。新闻和副刊全在这里编。要说是每天出两张大报，这点房子真不算多，尤其是比起今天的报社来，就会让人笑掉大牙。但是当时其他的报，往往是只租一所小小的房子，门口挂一个木牌，就算报社了，其报纸大都是找印刷所代印的。

我在北京《益世报》大约干了一年，因为我在业余时间朗读英文，同院住的经理的新太太嫌吵，就把我调任天津《益世报》的驻京记者，每两天写一篇通讯，这样就离开北京《益世报》

馆。到后期我的月薪加到七十元一月。

当秦墨晒作《申报》驻京记者时，他还兼着"远东通讯社"的事，每月送他六十元，他忙不过来，就约我分担一半。后来他又凑了个孙剑秋，办了个"世界通讯社"，约我作总编辑。我是个不会跑腿的人，通讯社的消息从哪里来呢？秦墨晒虽然答应我从他那里挖一点去，但是我想他还是从别人那里挖消息的，岂能让我再挖，我暂时只好答应。我先后住过王夫三的会馆和潜山会馆，这时就搬到通讯社里去住。

通讯社也就是供稿社。当年大凡一个人在政治上有点办法，就拿出几百元办个通讯社，此外每月还要二百多元经费。主办"世界通讯社"的经济后台老板是张弧——当年的财政总长。他究竟为办通讯社花了多少钱，我也不清楚。我当总编辑，每月支二十元，只够吃饭。每天的头条新闻却是煞费心思的，因此我在通讯社里始终抱一个五日京兆的意思。

后来成舍我和我们全部离开了《益世报》，成舍我混进了众议院当秘书。我辞了"世界通讯社"的工作，给《新闻报》《申报》写通讯，我的新闻来源也往往是去找成舍我想办法。他一度办了个"联合通讯社"，我又去帮他的忙。成和杨瑶结了婚，家用大了，他又弄到了教育部秘书的职务。成舍我是个不甘寂寞的人，精力充沛，从新闻界跳入政界，在政界又兼办新闻。不久，他又办了一张《世界晚报》，让我包办副刊，我给这副刊起名叫《夜光》。我只支三十元月薪，样样都得自己来，编排、校对，初期外稿不多，自己要写不少。

七 《春明外史》问世

我编《夜光》很起劲。不到三十岁，混在新闻界里几年，看了也听了不少社会情况，新闻的幕后还有新闻，达官贵人的政治活动、经济伎俩、艳闻趣事也是很多的。

在北京住了五年，引起我写《春明外史》的打算。"春明"是北京的别称。小说从一九二四年四月十二日，开始在《夜光》上发表，每天写五六百字，一直到一九二九年一月二十四日才登完，其间凡五十七阅月，约有百万字。最后由世界书局印行，全书分十二册，头两集也分别在北京出版过，但也不过只印几千本就是了。世界书局在全书出版前，在《申报》《新闻报》登了两栏广告，把八十六回回目一齐登了出来，定价十元零八角，一印起码上万部，不久又再版，又印缩版，缩版是改五号字，印成两本，定价两元多钱。我是卖了版权的，所以出多少版，与我也没关系了。朋友们关心我，说"你后悔了吧"，我说，我不后悔。我没有世界书局那么多的本钱，也没有本领在许多码头开设支局。

《春明外史》是以记者杨杏园的生活为中心的，也可以说多多少少有些传记小说的味道，一开头就交代杨杏园是皖中的一个世家子弟，喜欢写诗填词，发泄满腹牢骚，"却立志甚佳，在这部小说里，他却是数一数二的人物呢"。自然，这个"志"，是不能以今天的标准来衡量的。书的前半部写了杨杏园和青楼中的清倌人梨云的恋爱，但是他还没有决心娶她，也没有可能为她赎身，终于在"满面啼痕拥衾倚绣榻，载途风雪收骨葬荒邱"的第二十二回里让梨云染病死去。

　　书里写的杨杏园对梨云十分多情，在她死后，还常在自己会馆里的桌子上供她的相片和瓜果。一直到书的结尾，杨杏园也没有成家，而且短寿而死。

　　许多朋友问我：你真认识过梨云这么一个清倌人吗，你真对她那么痴情吗？真有李冬青那么个人吗？还有人问，某人是否影射着某人？其实小说这东西，究竟不是历史，它不必以斧敲钉，以钉入木，那样实实在在。《春明外史》的人物，不可讳言的，是当时社会上一群人影，但只是一群人影，决不是原班人马。这有个极好的证明，例如主角杨杏园这人，人家都说是我自写，可是书中的杨杏园死了，到现时我还健在，宇宙里没有死人能写自传的。

　　《春明外史》，本走的是《儒林外史》《官场现形记》这条路子。但我觉得这一类社会小说犯了个共同的毛病，说完一事，又递入一事，缺乏骨干的组织。因之写《春明外史》的起初，我就先安排下一个主角，并安排下几个陪客。这样，说些社会现象，又归到主角的故事。同时，也把主角的故事，发展到社会的现象上去。这样的写法，自然是比较吃力，不过这对读者，还有一个主角故事去摸索，趣味是浓厚些的。当然，所写的社会现象，决不能是超现实的，若是超现实，就不是社会小说了。

　　《春明外史》，除了材料为人所注意而外，另有一件事，为人所喜于讨论的，就是小说回目的构制。因为我自小就是个弄词章的人，对中国许多旧小说回目的随便安顿，向来就不同意，既到了我自己写小说，我一定要把它写得美善工整些。所以每回的回目，都很经一番研究。我自己削足适履地定好了几个原则。一、两个回目的上下联要能包括本回小说的最高潮。二、尽量的求其词藻华丽。三、取的字句和典故，一定要是浑成的，如以"夕阳无限好"，对"高处不胜寒"之类。四、每回的回目，字数一样多，九字回目，求其一律。五、下联必定以平声落韵。这样，每个回目的写出，倒是能博得读者推敲的。可是我自己就太苦了，往往两个回目，费去一二小时的工夫，还安置不妥当。因为藻丽浑成都办到了，不见得能包括这一回小说最高潮。能包括小说最高潮，不见得天造地设的就有一副对子。这完全是求好看的念头，后来很不愿意向下做。不过创格在前，一时又收不回来，因之这个作风，我前后保持了十年之久。但回目作得最工整的，还是《春明外史》和《金粉世家》，其他小说，我就马虎一点了。在我放弃回目制以后，很多朋友反对，我解释我吃力不讨好的缘故，朋友也就笑而释之了。谓不讨好云者，这种藻丽的回目，成为"礼拜六派"的口实。其实"礼拜六派"，多是散体文言小说，堆砌的词藻，见于文内，而不在回目内。"礼拜六派"也有作章回小说的，但他们的回目，也很随便。不过，我又何必本末倒置，在回目上去下工夫呢？

《春明外史》发行之后，它的范围，不过北京、天津，而北京、天津也就有了反应的批评。有人说，在五四运动之后，章回小说还可以叫座，这是奇迹。也有人说，这是"礼拜六派"的余毒，应该予以扫除。但我对这些批评，除了予以注意，自行检讨外，并没有拿文字去回答。在五四运动之后，本来对于一切非新文艺形式的文字，完全予以否定了的。而章回小说，不论它的前因后果，以及它的内容如何，当时都是指为"鸳鸯蝴蝶派"。有些朋友很奇怪，我的思想，也并不太腐化，为什么甘心作"鸳鸯蝴蝶派"？而我对于这个派不派的问题，也没有加以回答。我想，事实最为雄辩，还是让事实来答复这些吧！

八　《金粉世家》在《世界日报》上发表

《世界晚报》办了一年多，《世界日报》才问世。成舍我觉得晚报总不如日报神气，就找到了些搞政治的人出钱支持他，除了买两架平版机、小机器、石印机以外，还得有每月的经常费。手帕胡同的房屋不够了，我找了石驸马大街的房子，也就是新中国成立后光明日报社的一部分，再往后还买过西长安街的一座旅馆房子，现在已经拆掉了。

《世界日报》出两张，编辑部里有了十几个人。副刊《明珠》仍由我包办，我同时仍编晚报的副刊《夜光》，忙不过来，就另请了张友渔、马彦祥、朱虚白、胡春冰四位一起办副刊。

我在《世界日报》发表小说《新斩鬼传》，还有《金粉世家》。后者和《春明外史》一样，出书时都印成十二本，约一百万字。在《世界日报》刊登时，都没有拿到多少钱。因为那时成舍我常到南京国民党政府那里去奔走，后来在南京办了一个《民生报》，把《世界日报》的财务交给他太太杨瑶，大家要钱用，就到杨女士那里去支，但当时报馆发不出月薪，我们只能领一点零钱，其余的由杨女士给我们开一张欠薪的借条，这样做不止一回。我认为成舍我是我们的朋友，他欠了我们的薪水，有了钱自然会还，还要他太太的借条干什么呢？我就把借条扯碎了。过了一年多，北伐后成舍我回到了北京，我向他算这笔旧账时，他说："借条呢？"我说："我扯碎了。"他说："那就不好办了！"我自然没有办法。

这时《益世报》和《晨报》也要我写小说发表，既然《世界日报》欠着我薪水，我在编余时间为外报写小说，他们也不便干涉。我写了《剑胆琴心》给《晨报》。这时《益世报》已江河日下，但是还有点人情关系，也给他们写了一篇。万枚子等友人办北京《朝报》时，我又写了《鸡犬神仙》，该报不久停刊。这时，我因时间不够支配，就把秦墨晒处的工作和天津《益世报》的通讯全辞掉了。又有人介绍我给上海有名的小报《晶报》写《锦片前程》。我同时写的几篇长篇小说，怎么进行呢？也没有别的好办法，只能先写好每篇小说的人物故事提纲，排上轮流写作的日表，今天写《剑胆琴心》，明天就写《锦片前程》，严格执行。关于《金粉世家》，那是天天要写的，里面人物多、场面大、故事曲折，我也就只好勾出个轮廓来，每天写上七百字到上千字。

《金粉世家》全书一百十二回，世界书局出书时，又包了《申》《新》二报的广告栏，把回目全登上去，分两日刊登。这书里写了金铨总理一家的悲欢离合、荒淫无耻的生活，以金燕西和冷清秋一对夫妇的恋爱、结婚、反目、离散为线索贯穿全书，也写了金铨及其妻妾、四子四女和儿媳女婿的精神面貌和寄生虫式的生活。自然，也反映了当年官场和一般的上中层的社会相。

社会上有人猜想：我写金铨一家是指当时北京豪门哪一家

呢？其实谁家也不是，写小说不是写真人真事，当然也离不了现实基础，纯粹虚构是不行的。用不譬喻，乃是取的"海市蜃楼"。海市蜃楼是个幻影，略有科学常识的人都知道，它并不是海怪或神仙布下的疑阵，而是一种特殊自然现象的反映。明乎此，就知道《金粉世家》的背景，是间接取的事实之影，而不是直接取的事实。作为新闻记者，什么样的朋友都结交一些。袁世凯的第五个儿子和我比较熟，从他那里听到过一些达官贵人家的故事。孙宝琦家和许世英家我也熟悉。有时我也记下一些见闻，也就成为写小说的素材。

像冷清秋那样的遭遇，我也是屡见不鲜的；一个出身比较平常的姑娘嫁到大宅门里，也许是一时由于虚荣心作祟吧；但是，不是由于丈夫薄幸，就是由于公婆小姑妯娌瞧不起，慢慢地就会出现裂痕，以悲剧结局。冷清秋也是由于金燕西的多角恋爱、挥霍无度、不知上进而上楼礼佛，终至在一场火灾中抱了独子出走，写得似乎是没有遁入空门，而是在西郊隐居起来。我没有安排冷清秋死去，当年大约是为了安慰读者的。但就全文命意说，我知道没有对旧家庭采取革命的态度。在冷清秋身上，虽可以找到一些奋斗精神之处，并不够热烈。这事在我当时为文的时候，我就考虑到。但受着故事的限制，我没法写那样超脱现实的事。在"金粉世家时代"（假如有的话），那些男女，你说他们会具有现在青年的思想，那是不可想象的。后来我经过东南、西南各省，常有读者把书中的故事见问。这让我增加了后悔，假使我当年在书里多写点奋斗有为的情节，不是会给妇女们有些帮助吗？

有人喜欢研究小说人物的名字来由，我有时喜欢用名字象征性格，如冷清秋便是。有时却又改一改现实人物的名字，我有位叔祖名张犀草，在《春明外史》里就借用它成了一个诗人的名字。

九　从《啼笑因缘》起决心赶上时代

到我写《啼笑因缘》时，我就有了写小说必须赶上时代的想法。这小说一九三〇年发表在《新闻报》上，是应严独鹤先生之约写的。记得我在写《啼笑因缘》的第一天，是在中山公园小土山下水亭子边构思的，当时一面想，一面笔记，就这样勾画出了这本书的轮廓。而这时土山上正有几个姑娘在唱歌呢。当然，我的所谓赶上时代，只不过我觉得应该反映时代和写人民就是了。北洋军阀统治时期，军阀们为非作歹的事情太多了，就是新闻记者也可以随意捉去坐牢枪毙。于是我写了学生樊家树和唱大鼓书的姑娘沈凤喜的爱情，和他们被军阀刘将军拆散的故事。最后，这个姑娘被刘将军逼疯了，遭到了悲剧的下场。

因为上海《新闻报》和我初次订契约，我想像《春明外史》那样的长篇是不合适的，于是我就想了这样一个不太长的故事。在那几年间，上海洋场章回小说，走着两条路子，一条是肉感的，一条是武侠而神怪的。《啼笑因缘》和这两种不同。另一点是《啼笑因缘》中对话用的是北京话，与当时上海的章回小说也不同。因此，在这部小说发表的起初几天，有人看了觉得眼生，也有人觉得描写过于琐碎。但并没有人主张不向下看。载过两回之后，读者感到了兴趣。严独鹤先生特地写信告诉我，让我加油。一面又要求我写进一些豪侠人物，以增加读者的兴趣。对于技击这类事，我自己并不懂，而且也觉得是当时一种滥调，我只能把关寿峰和关秀姑两人写成近乎武侠的行为，并不过分神奇。这样的人物是有的。但后来还是有人批评《啼笑因缘》的人物，说这些描写不真实。此外，对该书的批评，有的认为还是章回小说旧套，加以否定。有的认为章回小说到这里有些变了，还可加以注意。大致地说，主张文艺革新的人，对此还认为不值一笑。温和一些的人，对该书只是就文论文，褒贬都有。但不管怎么说，这书惹起了文坛上很大注意，那却是事实。有人并说，如果《啼笑因缘》可以存在下去，那是被扬弃了的章回小说又要还魂，我没有料到这部书会引起这样大的反应，当然我还是一贯地保持缄默。我认为被批评者自己去打笔墨官司，会失掉有则改之、无则加勉的精神，而徒然搅乱了是非。后来《啼笑因缘》改编成电影，明星电影公司和大华电影片社为争夺拍摄权打了一年的"啼笑官司"，在社会上热闹了一阵，连章士钊先生也曾被聘请为律师调解诉讼。不过这些批评和纷争，全给该书做了义务广告。《啼笑因缘》后来还曾多次被搬上银幕和舞台。它的销数超过了我其他作品，所以人家说起张恨水，就联想到《啼笑因缘》。

这本书发表后，许多读者来信询问主人翁的下落，要求写续集，无法一一回信作答，因此我后来写了一篇《作完〈啼笑因缘〉的说话》，其中说："《啼笑因缘》万比不上古人，古人之书，尚不可续，何况区区……《啼笑因缘》自然是极幼稚的作品，但是既承读者的推爱，当然不愿它自我成之，自我毁之。若把一个幼稚的东西再幼稚起来，恐怕也有负读者之爱了。所以归结一句话，我是不能续，不必续，也不敢续。"

过了三年，由于读者的爱好，我自己没有续，却出现了一些由别人写的《续啼笑因缘》《反啼笑因缘》《啼笑因缘零碎》等等，全都是违反我本意的。为了这个缘故，我正踌躇着，原来印书的三友书社又不断来催促我续著。当时正值日军大举进攻东北，我想如果将原著向其他方面发展，也许还不能完全算是蛇足。所以就在续集中写了民族抗日的事。但至今回想起来，就全书看还是不续的好，抗日的事可以另外写一部书嘛。

十　卖版税和办美术学校

有了以上几部稿子，我受到了上海出版商的注意，他们约我到上海去订合同，预约我的小说出版。去沪以后，招待欢迎，走时欢送，稿费从优，但是我一般全是卖版税，书印若千万册或若干版，与我无干。记得在上海先看见了编《红玫瑰》杂志的赵苕狂，他又给我引见了世界书局经理沈知方，我一次预支了稿酬八千元，决定《春明外史》由他们第三次出书，《金粉世家》也由他们出版，再次就是正在上海《新闻报》刊登的《啼笑因缘》了。

这时我有了钱，就写信给郝耕仁，叫他到上海来玩玩。他来了，我分给他一些钱，又同路去逛西湖。郝耕仁这时还劝我节约一些，别把心血换来的钱全虚掷了。我回到北京以后，手上还有不少钱，虽然也没有什么了不起，但对我的帮助还是很大的。首先我把弟妹们婚嫁、教育问题解决了一部分。又租了一所房子，院子很大，植了不少花木，很幽静。这一切，在精神上，对我的写作是有益的。

这时我很忙，我算了一下，约有六七处约稿，要先后或同时写起来，我因此闭门写作了一年。每天我大概九点钟开始写作，直到下午六七点钟，才放下笔去吃晚饭，饭后稍稍休息，又继续写，直到晚上十二点钟。我不能光写而不加油，因之登床以后，我又必拥被看一两点钟的书。看的书很拉杂，文艺的、哲学的、社会科学的，都翻翻。还有几本长期订的杂志，也都看看。我所以不被时代抛得太远，就是这点加油的工作不间断的缘故。否则我永远落在民国十年以前的文艺思想圈子里，就不能不如朱庆馀发问的话，"画眉深浅入时无"了。

这时，我读书有两个嗜好，一是考据，一是历史。为了这两个嗜好的混合，我像苦修和尚，发了个心愿，要作一部中国小说史，要写这部书，不是光在北平几家大图书馆里可以把材料搜罗全的。自始中国小说的价值，就没有打入四部、四库的范围。这要到民间野史和断简残编上去找。为此，也就得多转书摊子，于是我只要有功夫就揣些钱在身上，四处去逛旧书摊和旧书店。我居然找到了不少，单以《水浒》而论，我就找了七八种不同版本。例如百二十四回本，胡适就曾说很少，几乎是海内孤本了。我在琉璃厂买到一部，后来在安庆又买到两部，可见民间蓄藏是很深厚的。由于不断发掘到很多材料，鼓励我作小说史的精神不少。可惜遭到"九一八"大祸，一切成了泡影。材料全部散失，以后再也没有精力和财力来办这件事。

那几年由于著作较多，稿费收入也就多些。这时因我四弟牧野是个画师，邀集了一班志同道合的人，办了个"北华美术专科学校"。我不断帮助他一点经费，我算是该校董事之一，后来大家索性选我做校长。我虽然有时也画几笔，但幼稚的程度比小学生描红模高明无多。我虽担任校长，并不教画，只教几点钟的国文，另外就是跑路筹款。记得当时在"北华美专"任教的老师有于非闇、李苦禅、王梦白等先生。后来一些在艺术上有成就或在社会上知名的人如张仃、蓝马、张启仁等就是这个学校的学生。

十一 两度去西北

关门写小说一年以后，我有了西北之行。一方面是，自是《啼笑因缘》以后，我有了赶上时代的要求，另一方面，也深知写小说不多了解一下老百姓的事是不行的。这时正是很多人热心上西北的时节，为了西北地广人稀，有丰富的资源待开发。当时陇海铁路只通到潼关为止，再向前就得坐汽车了。

我在家筹划了一个多月，就带了一个小行李，在五月里出发，我到郑州、洛阳，一直到火车终点潼关为止。我看了三省交界的黄河，倒是气势雄壮。省政府的汽车送我们到了西安。这时西安只有三十万人口，也许因为战争关系，实数还不到三十万。邵力子先生时任陕西省省长，他很帮忙，听说我要去兰州，说坐省里公事汽车可以随时上下，比商车方便。后几天我搭上了西兰公路刘工程师的车子，后面还有一部不带棚的敞车。

一路西行，要经过近二十个县，除了平凉而外，就没有一个县城像样的，人口少，市面荒凉。比起我久居的江南来，这里一个县城不如江南一个村镇。同车的刘工程师对我说："你还没到县里头去看看呢，老百姓的衣服不周，十几岁的闺女往往只以沙草围着身子过冬，没有裤子穿，许多县全是如此。"

那时兰州只有十四万人口，建筑很古老，算是当时的一个边防城市，兰州的人民生活也不见好。从这以后，我才觉得要写人民的苦处，实在有我写不到想不到的地方。所以我说，读万卷书，走万里路，扩大眼界，是写小说的基本工作。

我从西北归来，就写了《燕归来》，发表在《新闻报》上，又写了《小西天》，发表在《申报》上。此行未去新疆。我国的版图多么大，我心想我这一生能跑得周么！

《燕归来》是写一个女孩子自幼因逃荒从甘肃离家，后来在南京当了体育皇后，为了开发西北，就和几个男朋友由陕西大路归来，找到了自己的家庭。故事人物是我在西北亲见亲闻的，西北人民生活水平之苦是我以前都想象不到的。

一九五六年文联组织了一个作家艺术家参观团，我随团又游历了西北。这次看到西北人民生活比新中国成立前有了很大提高，整个西北的面貌发生了极大的变化。铁路线过了兰州，公路四通八达，新建了许多工厂、矿山，使我非常兴奋，也增长了不少见闻。有一晚，在兰州玩得太高兴了，误了晚饭，同行十几个人走到一家酒饭馆里，他们也已停止营业。有位朋友说：这是你在写《燕归来》时没遇到过的事吧，这次玩得太起劲了。柜台里站了一位老先生，听了这话，对我望望，便对我说："您从北京来吗？是姓张吗？"我说是的，他又说："你的四六文章很好，我在《春明外史》里见过。"我听了真是受宠若惊。他又说："第一次来与第二次来，有好多不同吧？"我笑说是，同行的人觉得老先生和我攀起交情来，吃饭有希望了，便向老先生央求做饭。老先生说："张先生是稀客，开晚饭，有有有。"我们十几个人上饭厅饱餐了一顿。这件巧遇不算希奇，我的书能在二十年前西北交通不便的时候来到西北，是没想到的事。

十二　抗日战争前后

一九三一年"九一八"国难来了，举国惶惶，我自己想到，我应该作些什么呢？我是个书生，是个没有权的新闻记者。"百无一用是书生"，唯有在这个时期，表现得最明白。想来想去，各人站在各人的岗位上，尽其所能吧。也就只有如此聊报国家民族于万一而已。因之，自《太平花》改作起，我开始写抗战小说。但是当时的国民党政府采取不抵抗政策，所以我尽管愤愤不平，却也没有办法，因此我所心向的御侮文字，也就吞吞吐吐，出尽了可怜相。例如我在《弯弓集》中写了几首诗，就是这种心情的写照。

六朝金粉拥千官，王气钟山日夜寒。
果有万民思旧蜀，岂无一士复亡韩。
朔荒秉节怀苏武，暖席清谈愧谢安。
为问章台旧杨柳，明年可许故人看。

含笑辞家上马呼，者番不负好头颅。
一腔热血沙场洒，要洗关东万里图。

那时我在北平，在两个月功夫内，写了一部《热血之花》和一个小册子《弯弓集》，都是鼓吹抗战的文字。当然这谈不上什么表现，只是说我的写作意识，转变了方向，我写任何小说，都想带点抗御外侮的意识进去。例如我写《水浒别传》，就写到北宋沦亡上去。当然，这些表现都是很微渺的，不会起什么大作用，仅仅说，我还不是一个没有灵魂的人罢了。

以后我又给上海《申报》写了《东北四连长》（后易名《杨柳青青》）以及《啼笑因缘续集》等，都表现了抗日的思想。

一九三五年秋，成舍我在上海创办《立报》，我包办其中一个副刊《花果山》。原想只帮助办一个短时期，等有些眉目后就回北方。谁知北平家中来了急电，叫我不必回去。原来冀东已出现了日伪傀儡政权，迫害爱国的文化界人士，有一张黑名单，我也名列榜上，因而就不能北上了。

后来我又转到南京，因为老友张友鸾约我投资创办《南京人报》，经他多方敦促，我们花了五千元买机器、字架和纸张，办起报来，我并自编副刊《南华经》，自写了两部小说：《中原豪侠传》《鼓角声中》。我办《南京人报》，犹如我写《啼笑因缘》一样，惊动了一部分人士，出版第一日，就销到一万五千份。这时我还为别的报写了太平天国逸事《天明寨》和一篇关于义勇军的故事《风雪之夜》。不久七七事变发生，我把家眷送回潜山老家，携带了一个小行李卷离开南京去内地。由于冀东伪政权的出现，我不能回北平，又加上这次南京遭受轰炸，我只身入川，因此我的全部财产和多年搜集的资料书籍也全都抛弃了。路过汉口时，全国抗敌文协成立，我被推选为理事，接着我到了重庆。

这时南京《新民报》已经迁渝，张友鸾就向陈铭德先生推荐我加入《新民报》，从此我就在《新民报》工作十余年。当过主笔，当过经理，也写小说、诗、文在报上发表。入川后我写的第一部小说《疯狂》，就是在《新民报》上发表的。我在抗战的前期写了一些有关游击队的小说，如《冲锋》《红花港》《潜山血》《游击队》《前线的安徽，安徽的前线》《大江东去》等。那时，上海虽然沦为"孤岛"，《新闻报》还不曾落入汉奸之手，信件可以由香港转，我就写了《水浒新传》，描写水浒人物和金人打仗，因为写了民族气节，很受上海读者的欢迎。

由于我对军事是外行，所以就想改变方法，写一些人民的生活问题，把那些间接有助于抗战的问题和那些直接间接有害于抗战的表现都写出来。但我觉得用平常的手法写小说，而又要替人民呼吁，那是不可能的事。因之，我使出了中国文人的老套，寓言十九，托之于梦，写了《八十一梦》，这部书是我在后方销数最多的一部。《八十一梦》还在延安流传，是我认为非常光荣的事。书里的梦，只有十几个，也没有八十一个，何以只写十几个呢？我在原书楔子里交代过，说是原稿泼了油，被耗子吃掉了。既是梦，就不嫌荒唐，我就放开手来，将神仙鬼物，一齐写在书里，讽喻重庆的现实。当时我住在重庆远郊南温泉，特务对我注意起来，认为张恨水"赤化"了，因此检查我的来往书信。为了这部书，有人把我接到一个很好的居处，酒肉招待，最后他问我：是不是有意到贵州息烽一带（国民党军统特务监狱），去休息两年？于是《八十一梦》就此匆匆结束了。这一期间我写了《偶像》、《牛马走》（又名《魍魉世界》）、《傲霜花》（原名《第二条路》），以及连载随笔《上下古今谈》，都谈的是社会现象，针砭当时的贪污腐败。我还写了《乡居杂记》《读史诗》等，其中有一首讽刺诗"日暮驰车三十里，夫人烫发入城来"之句，流传很广，各报颇有转载的。

一九四四年在重庆，当我五十岁生日时，承抗敌文协、新闻学会、《新民报》一些友好热心，为我祝贺，同时纪念我写作三十年。纪念会经我坚辞免开，但是在几种报纸上还是发表了一些文章，对我慰勉有加，实深铭感。其中以《新华日报》潘梓年的一篇最有意义，题目是《精进不已》，他根据我在重庆时期写的文章，以为我有明确的立场——坚主抗战，坚主团结，坚主民主。他说明确的进步立场是一个作家的基本条件，立场不进步的人，看不见或看不清现实，写出的东西也就对社会有害无益。他以我写的《上下古今谈》为例，希望我不断地精进不已，自强不息。我当时在《新民报》上写了《总答谢》。

一九四五年毛主席到重庆，还蒙召见，对我的工作给予了肯定和鼓励，给我留下了深刻的印象，至今还牢记在心。

抗日胜利以后，各报纷纷复员，新民报社派我到北平任北平版经理，我和三四位同事一同从陆路动身，由重庆到贵阳、衡阳都是坐汽车，由衡阳到武昌坐铁棚子火车，没有火车头用汽车拉了火车走，可算今古奇观。一共走了三整天，到了汉口才乘船到南京，已是胜利后度第一个春节的时候了。我回到故乡，看望了我的母亲后，就匆匆北上了。我把路上见闻写了小说《一路福星》给《旅行杂志》。

这时，国民党政府向一千多人颁发了"抗战胜利勋章"，其中也有我。

十三　回到了北平

我为了和陈铭德先生北上办《新民报》北平版，我以最大的牺牲，报答八年抗战的友谊，把《南京人报》让给张友鸾去办了。一九四六年春我回到了阔别已久的北平，邓季惺先生已把北平版的房子机器等安排好，我又邀请马彦祥、左笑鸿、于非闇等老友一起合作，旧友重逢，再度共事，是非常融洽的。不久北平版筹备就绪，就在这一年四月四日出版，开始印一万多份，不久增加到四万多份，很受北平读者欢迎，营业可以维持，不向总管理处要钱。我自编了副刊《北海》和《新民报画刊》，同时还写了几部长篇小说。

到了北平，我发现了一个问题，就是在抗战期间，在沦陷区有人冒我名出版小说，内容荒诞不经，黄色下流。我查了一查，这些伪书竟有一百多部，实在让我大大的吃了一惊，对我是个恶意的侮辱，我十分气愤，多次在报上发表声明，并向主管部门申诉，才查禁了一下，听说东北冒名的伪书尤其多。

在北平耳闻目睹不少接收人员的生活，社会上也有接收大员"五子登科"（房子、金子、女子、车子等）之说，我于是写了《五子登科》的小说。这一时期我还给《新民报》写了个长篇《巴山夜雨》，又给上海《新闻报》写了个长篇《纸醉金迷》，这两部书都是以重庆为背景的，在别人看来，不知作何感想，至少我自己是作了一个深刻的纪念。这时的币制是一直紊乱，物价是一直狂涨，对于国民党的金融政策，谁也不敢寄予丝毫的信用，自由职业者，就非常的痛苦，尤其是按字卖文的人，手足无所措。月初，约好了每千字的稿费，也许可以买两三斤米，到了下月初接到稿费的时候，半斤米都买不着了。在这种情形下，胜利后的两年间，我试了一试卖文的生活，就戛然中止。《岁寒三友》《马后桃花》就是这样未完篇的。到了一九四七年，纸价已经贵得和布价相平了。我就又改变做法，多写中篇，如《雾中花》《人迹板桥霜》《开门雪尚飘》等，这一试验，还算可以维持下去。

因为我很不习惯报社的经理职务，一九四八年秋，陈铭德先生到北平，我向他辞去了报社的职务，专事写作，从此终止了我从事四十年的新闻生涯。

十四　新中国成立后

一九四九年北平解放了，我和全国人民一样感到欢欣，但对党的政策也并不十分了解。这时我接到了一张请帖，到北京饭店参加宴会。会上叶剑英同志作了讲话，使我对党有了进一步的认识。同年夏，我忽然患脑溢血，瘫痪在床，丧失了工作能力，但是党和人民政府对我的生活仍无微不至地关怀。我被聘为文化部的顾问，还被邀请参加了全国第一次文代会和全国作家协会。以后我的病情渐渐好转，恢复了部分写作能力，我又应通俗文艺出版社、北京出版社、上海《新闻报》及香港《大公报》、中国新闻社之约，为国内外读者写了根据民间传说改写的小说《梁山伯与祝英台》《白蛇传》《秋江》《孔雀东南飞》以及《记者外传》等。我为中国新闻社写了北京城郊的变化，为此特意一一去看了北京十三个城门附近的变化，当看到新建的平坦马路和一幢幢新楼房，马路边栽满了树木，我感到十分高兴。一九五二年写了一组《冬日竹枝词》，发表在香港《大公报》上。

一九五五年，我的身体逐渐复原，虽然行动尚不方便，还只身南下，看到了江南以及故乡的变化，兴奋不已，为香港《大公报》写了一篇三四万字的《南游杂志》。一九五六年从西北回来后我被邀为列席代表参加了全国政协第二届会议。政协经常组织我学习马列、学习党的政策，到各处观光，使我的思想和眼界都为之大开。我新中国成立前写的《啼笑因缘》《八十一梦》等小说都得到了再版，这些几十年前的旧作，在党的关怀下，再度问世，使我感奋交加。

一九五九年我的病情又加重了，再次丧失了写作能力，周总理知道后，对我的生活和工作非常关心，不久我就被聘为中央文史馆馆员，我的生活有了保证，使我能够在晚年，尽力之所及做一点工作。

回顾我的五十年写作生涯，真是感慨系之。我这一生写了许多小说，每日还要编报，写文章、诗词，曾有人估计，我一生大约写了三千万言。有人问：你是如何坚持着没有搁笔的呢？记得我在《春明外史》的序上曾以江南崇明岛为例面写道：

"舟出扬子江，至吴淞已与黄海相接，碧天隐隐中，有绿岸一线，横于江口者，是为崇明岛。岛长百五十里，宽三十里，人民城市，田园禽兽，其上无不具有，俨然一世外桃源也，然千百年前，初无此岛。盖江水挟泥沙以俱下，偶有所阻，积而为滩，滩能不为风水卷去，则日积月聚，一变为洲渚，再变为岛屿，降而至于今日，遂有此人民城市，田园禽兽，卓然江苏一大县治矣。夫泥沙之在江中，与水混合，奔流而下，其体积之细，目不能视，犹细于芥子十百倍也，乃时时积之，居然于浩浩荡荡、波浪滔天之江海交合处，成此大岛。是则渐之为功，真可惊可喜可惧之至矣。"

我对自己写了这些书，也只有"成于渐"三个字好说。为了往往是先给报纸发表，所以敦促自己非每日写六七百字或上千字不可，因而养成了按时动笔的习惯，而且可以在乱哄哄的编辑部里埋头写小说，我就这样写了几十年。

我作小说，没有其他的长处，就是不作淫声，也不作飞剑斩人头的事。当然距离党要求文艺工作者，深入工农兵，写工农兵生活，全心全意为人民服务的方针太远了。几年来在病中眼看着文艺界的蓬勃气象，只有欣羡。老骆驼固然赶不上飞机，但是也极愿作一个文艺界的老兵，达到沙漠彼岸草木茂盛的绿洲。

一九六三年

原载《文史资料》1980年第70期

我写小说的道路

我在十一二岁，看小说已经成迷了，十四五岁我就拿起笔来，仿照《七侠五义》的套子，构成一个十三岁的孩子，会玩大铁锤。这小说叫什么名字，现在记不得了，可是这里面我还画成了画，画一个小侠客，拿着两柄大锤，舞成了旋风舞。我为什么这样爱作小说，还要画侠客图呢？因为我的弟妹以及小舅父，喜欢听我说小侠客故事，有时我把图摊开来，他们也哈哈大笑。至今我想起来，何以弄小说连图都画上了。说我求名吗？除了家里三四个听客，于外没有人知道，当然不是。说我求利吗？大人真个知道了，那真会笑掉了大牙。当然也不是。我就喜欢这样玩意儿，喜欢，我就高兴乱涂。什么我也不求。

我到十五六岁，小说读得更多了。也读过自西洋翻译来的理论，但是那学问只有点把点，读过了也就完了。不过这样一来，我对小说，更抱着浓厚的兴趣。商务印书馆出版的《小说月报》，那时为国内首屈一指的文艺杂志，我就每月得买一本。因此，我对小说，有了更进一步的认识，认识到作小说的，可以作为一种职业。所以我爱读的小说，也自剑侠一变为爱情。事实上，这个日子的小说，也以爱情为最多。可是为什么作小说，我依旧模糊着。至于作小说为职业，我根本未曾想到。

到了十九岁，我在苏州"蒙藏垦殖专门学校"读书，有工夫，还是看小说。我觉着光是看，还有些不够，并且也作了两篇，往《小说月报》社投稿。当然，我那时还很年轻，读书不但不多，而且很多应当读的书，我只看到或者听到它的名字而已，所以两篇小说，投过了邮也就算了，并没有想到还有什么下文。可是过了几日，《小说月报》居然回信来了，说我的小说还算不错，望我努力。那小说虽然没有发表，但给我的鼓励真是不小。于是我就对小说更为细心研究，尤其是写景一方面，小动作一方面，中国小说虽然也有，却是并不多，我就在西洋小说中，加倍注意。

可是学校被袁世凯封门了，我的家境，又十分不好，我就失了学。自此以后，我飘流在扬子江一带，寻找职业。直到二十四岁，才找到了我的饭碗，就是芜湖《皖江日报》。不过那飘流的几年中，有些日子在乡下家里，我还极力看中国旧书，也看看小说，这好像说我的读书，有些进步了吧？所以在《皖江日报》就业以后，我在自己报上写小说，也有工夫为别家写小说。上海《民国日报》，这就是别家的一家。若是说我写小说何日开始，这就是第一课吧。

这年下半年，我到了北京，以后有十几年没有离开。同时，我一面当新闻记者，一面写小说。但是我虽依旧写小说，却慢慢地摸上一点路子。觉得写小说，专门写爱情，那也似乎太窄狭。我自己以为自这以后，我的小说，又有一点小变动，以社会各种变化情形为经，以爱情为纬。我的小说自然也应该有些变化，可是我仍旧不能完全抛弃爱情。大概有几十年工夫，不，可以说一辈子吧，总是不能离开这经纬线。如《太平花》《夜深沉》《水浒新传》《八十一梦》等等。

我是作章回小说的，对于普及，那是没有问题的。但是我们要谈普及，是在哪里下手呢？这是我们必须要研究的。要把人民日常生活，一种自然形态，在烂熟之下摘取。这里说着人民日常生活，好像很容易摘取似的。事实上不尽然，也许是很难的。我们要细心慢慢去找日常生活最普遍的一处，然后把它在适当的时候，使鲜花开出来。这不能性急，日常生活体会得越多，就会使鲜花开得越灿烂。

原载1975年6月版香港通俗文艺出版社《山窗小品及其他》

小说考微

一

予不自量，曾拟作一中国小说有系统之考证，补已往作家之未尽，友朋闻之，亦多怂恿其成，顾佣书苦忙，参考书苦少，著笔辄止者三四。北平晨报同人，近索予小笔记，因就便将所知末屑，随笔录若干则应命，读者或不仅茶余酒后之助欤？

小说家与道家，其始颇混杂，汉书艺文志所列两家书目，乃有同者。道家有伊尹五十一篇，小说家有伊尹说二十七篇。道家有鬻子二十二篇，小说家有鬻子说十九篇。而黄帝诸说，尤两家并出。小说家中虽多一说字，不能必二书之绝无关系，惜此大问题，无尽可考矣。

二

小说家之同于道家，《山海经》一书，尤可证明。《山海经》固为道家末世之书，而小说家之西王母，实由此出。从来子书，本不厌寓言以明道，而此寓言，扩而充之，遂成小说。则小说不仅同于道家，或竟道家之支流也。

周官三百六十，各执专书，汉书谓小说出于稗官。此稗官与庄子所谓"饰小说于县令"，若合符节，则周之时，小说亦有官专掌之也。

三

自敦煌秘笈发现，遂知白话小说始于唐。然此种小说，如今日传抄《唐太宗入冥记》之一页，既非妇人孺子所可尽解，亦不足登大雅之堂，为文人所赏鉴。然则著者之目的何在？大可研究，以予推之，十之七八，当为僧道演释劝善之书。真正之小说，此时已为极富丽典雅之文字，专写儿女英雄之事矣。

四

唐以后白话小说，今得见于社会者，共有四部，计为《大唐三藏取经诗话》（略残）、《新编五代史平话》（残三分之一）、《京本通俗小说》、《大宋宣和遗事》。《取经诗话》，其笔调甚类敦煌抄本，即为宋书，亦为宋初之作。若《京本通俗小说》《大宋宣和遗事》，则大抵为南渡以后问世之书，盖其京话，不免汴梁语与杭州语，间杂并出矣。

五

宋代小说，百年前，当尚有十部，流传于世，惜藏书家不收，遂致渝亡。闻《日本文库》尚有数部，其中《武王伐纣书》一书，国人亦有抄写本，但不知落于谁手耳。

六

就吾人所见，短篇小说集，以《京本通俗小说》《大宋宣和遗事》为最古，次则《拍案惊奇》，次又《今古奇观》，次又《豆棚闲话》，次又《十二楼》，最后二书，各为一人所作，余则撷拾古今故事，集而成书，非一人之笔也。

七

前述短篇小说集之外，则有明末盛行之三言，即《喻世明言》《警世通言》《醒世恒言》是也。此书明言先出，盖割集古今小说一百二十种之一部分者，书贾利之，乃继出通言恒言，将古今小说，搜集无遗。书非一家所出，遂致错乱重复，而书首列冯梦龙先生增订字样，似与冯不无关系，但亦未必全出冯手。盖冯本爱编订小说者，而一人编一小说集，又不应重复也。

八

《水浒》之始祖，人尽知出之于《大宋宣和遗事》，封神之始祖，出之于《五霸七雄传》，与《开辟演义》先后问世，均有姜子牙事，或出之于《武王伐纣书》，未可知也。

九

封神作者，向不详其人，鲁迅小说史略，亦未及之，郑振铎于小说月报考三国演义，言及封神为许仲琳作，予特函询，出自何典，蒙复谓于日本见明刊本，有作者姓名，其他未详。予乃索然。去岁，偶于小书摊中，见乾隆版一部，第六回下，刻有钟山逸民许仲琳编次，竟陵钟敬伯评订字样，大喜欲狂，以重价购归，郑氏之言，可以证实矣。

十

封神作者许仲琳，吾人亦仅能知其为钟山逸民而已，钟山，当指南京之紫金山。盖明末拟宋人平话小说者纷起，金陵福州杭州三处，所刻独多。书贾所在，当地寒士，因利之所近而为书，自属人情中事。至书成日，当在隆庆万历之间，因此书由《五霸七雄》传前数卷，扩大成之，不能先于《五霸七雄传》，而《五霸七雄传》似为嘉靖时书。至不能后于万历者，则证据尤充足，盖评订之钟伯敬，万历三十八年进士也。

十一

钟伯敬，名惺，湖北竟陵人，以诗名。自明七子诗非盛唐不言，优孟衣冠，徒成剽窃。钟一反粗厉之气，变为幽峭，与同里谭元春自树一帜，人谓之为竟陵派。钟为人少年负气，后渐严冷，卒逃于禅。至其评小说，则三百年来，士林未尝注意及之也。小说标明钟伯敬先生批评或订正者，予见有数种，已忘之。家藏者，封神而外，唯《西汉演义》而已。

十二

《西汉演义》首标钟伯敬先生批评，而演义之出于万历以前，遂得一证，书前有袁宏道序，袁明万历二十年进士，为公安诗派之领袖，友明七子所为，一同钟惺，唯趋于浅率耳。西汉一书，有竟陵派首领为之批评，即有公安派首领为之序，如果非书贾伪托，则作书者，不亦人杰也哉？

十三

予尝谓金圣叹以不世之才，薄一切著述而不为，专致力于小说，其事决非偶然。今研究明末小说，则知金圣叹介绍或著述者，大有人在。如李卓吾、钟敬伯、陈眉公，皆为一时惊动朝野之士，其视小说，并不等于街谈巷议也。而李卓吾为当年文坛怪杰，其所评小说尤多。今之木刻小说，有称草本者，皆为李批评之物。唯李氏之文，在明犯禁，两焚于火，所传不得一二，故今日所称草本，亦仅有其名，书中之评，盖不免为清书贾所伪托矣。

十四

李卓吾，赘，泉州晋江人。生于明嘉靖六年，少年即读书成名。乡荐后，先为共城校官，后为姚安知府，有政声，反为当道忌，遂入山学道，继而出山，遍游南北，闲则著书，其立论以为儒家只以孔子为是非，不足治国。专心向佛，以有发多梳洗之劳，剃之，遂无形为僧焉。年七十，因著书犯禁，在通州被逮，以剃刀自杀于北京狱中。其所发议论，多与当时士人异趣，举世欲杀，非无由也。至所评小说，有两晋志传，三国演义，隋唐，残唐五代，百二十四回本水浒，今本无真者，按其风趣不减圣叹，其所评小说文，自不下于圣叹外书，惜不得见之矣。

十五

明清之间，与圣叹同时，而致力于小说者，则有长洲褚人获氏。褚号石农，字学稼，亦号稼轩。明人所为演义，十之六七，曾经褚作序，故著者不传之演义，人多误为褚氏作。其实褚自著者，只《坚瓠集》八十卷，今存。一时小说家，毛宗冈、张潮、洪昉，无不与褚有文字缘，褚之在当日，殆亦风雅知名之士也。

坚瓠集各集，多名人序，均未曾称褚之官爵，但云逸庶。而集中对明逸事，亦收入尤多，然则褚其明之逸民乎？

十六

褚人获《坚瓠集》自序，有云："二十年前，方在少壮，已不敢有分外一念，今则百岁强半，如白驹之过隙，忧从中来，悔恨交集。"褚，吴门一老书生，拥书万卷，不求闻达（他人序中语），何悔何恨，更何忧从中来？其言可思也。序成于康熙庚午，去明亡四十七年，褚云百岁强半，自是崇祯时人。所云二十年前，乃明书生痛心疾首之时，云不敢有分外之念，正见此念之有时或生也。

《坚瓠集》汤传楶序，曾以犹龙氏与褚比，谓一浓而纤，一淡而雅，冯梦龙之治小说，亦多得一小证也。

十七

褚人获之订正小说，实不止于订正，有时竟大为删改添著。而其添改最多者，又莫过于《隋唐演义》。此书本罗贯中手笔，明正德年间，三山林瀚太史，复加修纂，至康熙己亥，褚又加入隋帝唐帝贵儿阿环两世会合之事，为一部之关目，其他唐人逸事正史之有趣者，亦随处纂入。最后二十余回原缺；褚于是书凡例中，称为得友人秘本足之，恐即褚氏自著，伪为托古本者也。准此，则褚之改著此书，有甚于毛宗岗之改三国演义矣。

十八

红楼一书，续者甚多，就愚所见，计有六种，为《红楼后梦》《后红楼梦》《红楼续梦》《红楼梦影》《红楼圆梦》《绮楼重梦》。其间大抵为宝黛复合，了却一重公案，合之之道，则走者归之，死者活之，嫁者屈辱之，快则快矣，固味同嚼蜡，且不近人情也。《绮楼重梦》，更属荒谬，写宝玉投宝钗胎为小钰，黛玉投湘云胎为舜华，复缔婚姻。其他如探春迎春以及诸亲，莫不生女。于是群儿嬉戏，复聚首名园，七八岁儿女，居然真个销魂。而小钰又文武绝代，率军征寇，童年受封。盖既效金瓶梅，复效野叟曝言矣，曹雪芹高鹗地下有知，能不哭乎。

十九

红楼梦首，读花主人论赞，短小精悍，余韵不尽，予最爱之，曾欲一考主人为谁，久未得其道。无意中翻旧书，转得评红楼者太平闲人之身世。闲人姓同，名卜年，山西平陆人，嘉庆辛未进士，太平其号也。闲人评红楼，好引经传为证，腐气逼人，未足称道。然有其批本后，刊本愈多，介绍之功，则又未可没耳。

二十

西游记演义，为明儒吴承恩作，今人犹多误认为元道士丘处机手笔。其实丘未著是书，道藏中之西游记，其门弟子李志常所述也。元兵既侵入中国，成吉思汗闻丘能长生不老之术，两手诏至山东召之。丘不获已，携弟子十九人会于今之北平，然后沿太行山而西，于元都见成吉思汗，三年乃返。书中述当时蒙回风俗，颇可为史书之助。然称成吉思汗曰成吉思皇帝，无汗字。岂此汗字或有可汗意味，为后人所加者欤？书名《长春真人西游记》，分上下两卷，约四万言。

二十一

《长春真人西游记》，后附元太祖手诏数道，有白话者二。兹录其一：

> 宣差阿里鲜，面奉成吉思皇帝圣旨：丘神仙！奏知来底公事，是也。争然好我前时已有圣旨文字与你来，教你天下应有底出家善人，都管著者，好底，歹底，丘神仙！你就便理会，只你识者。奉到如此。

文中颇多费解句，胡人初学汉语，或不免如此。然其间底字，来字，者字，以及理会字，于宋人今留说本中，常散见文内，录之，亦分别元明小说之一小小助证也。

二十二

《西游记》如水浒封神，原系数次改编扩大而成。吴承恩《西游记》之上，有《四游记》中之西游记，《四游记》之上，又有《大唐三藏取经诗话》，此所谓诗话，非论诗者，盖说话人以诗开篇之谓也。《四游记》甚雅，作者非一人，《东游记》为兰江吴元泰著，西游记为齐云杨致和编，南游北游，则均为余象斗编。余氏为明季福建印书商人，翻刻小说极多，而又好弄笔墨，借以生财。其所编南北游，大抵因翻刻东西游之便，加此二书，以成其所谓四游，而四游之中，则又以吴元泰之东游较为笔墨干净也。

二十三

《大唐三藏取经诗话》仅路过王母池一段，涉及道家，此外不失和尚本行语。至杨致和之《西游记》，开卷便叙石猴学道，已不免佛道之事合参。吴承恩《西游记》变本加厉，悟一子陈士斌逐节批评，且全以道家语出之，更不知所谓矣。《西游记》补及《后西游记》，作者不传，文字亦较差，后西游叙不老婆婆，及造化儿两大段，亦取径道家。此可知西游之搬演，无非文人游嬉笔墨，取快于一时，决非演释金丹大道。盖向来宗教家，道家或不免剽窃佛乘，而佛家子弟决不肯用道家来装点门面也。

二十四

小说之专为道家张目者，厥为《绿野仙踪》，此书取法水浒，描写几个学道者，其中杂以社会言情，实为有结构之佳作。论其才力，决不下《野叟曝言》作者夏二铭也。书成于乾隆初年，作者姓氏不传。书前有序二篇，均不著姓氏，谓系其友百川所作。书中主人翁冷于冰，系作者自托，而于冰之父又外号冷水，凡此，似作者之姓，必有三点水旁。开卷并谓冷于冰之塾师为王献述，顾名思义，作者其汪姓乎？作序人一称山阴，一称洞庭，且以兄弟相称，则作者亦必苏丹附近人物矣。他日当一细考之。

二十五

《绿野仙踪》而外，有名《希夷梦》者亦借径道家小说也。书中谓韩通之弟韩速，与其友间邱仲卿，耻为宋臣，谋复周室。不成，访道士陈抟于山洞中。仲卿与韩，各由洞出，漂流至海外，各阻音讯，一仕浮金岛，且成敌国之人，以兵戎相见。既而探悉为友，乃使两国联好。仲卿出游坠马，则蘧蘧一梦。韩亦然，相与大笑而悟道。命意与布局，均甚高妙，而文字粗疏迂拙，往往不达其意，甚可惜也。书前有三序，对于著者，惝恍迷离，故设疑辞。仔细考之，则作者安徽歙县人，姓汪名与石，而托之为蜉蝣汪寄所著者也。书四十卷，计在乾隆年间撰成，刊于嘉庆之初。

二十六

予作小说考微，乃就记忆所及，走笔书之。书及半，或觉仿佛，始于故纸堆中偶一觅其证据，甚知其语焉而不详也。友或读之以为善，曾书质数事，除略答所知外，而中国是否旧有女小说家一节颇苦于复命。就予所阅说部而论，唯《天雨弹词》是清初大家闺秀手笔。作者于序中自称梁溪陶怀贞，谓其父曾许以木兰之才，有曹娥之志，则其身世，乃可想见。又谓其父有水镜知人之明，抱辋川卷怀之首。家学渊源，自非小家碧玉。而其末处谓烽烟既靖，忧患频仍，澹看春蚓之痕留，自欲春蚕之丝尽，五载药炉，一宵蕉雨，行将化石以立，其能使顽冥点头也乎？则又一病态美人，有天壤王郎之叹者矣。序作于顺治八年，斯人为明宦之后，所可断言。

二十七

子尝谓中国小说家之祖，与道家混。而小说之真正得到民间，又为佛家之力。盖佛教流入中国，一方面以高深哲学，出之以典，则之文章，倾动士大夫。一方面更以通俗文字，为天堂地狱，因果报应之说，以诱匹夫匹妇。唐代以上，乏见民间故事之文，佛教通俗文字既出，自为民间所欣赏。而此项文字，冀便于不识字之善男信女之口诵，乃由佛经偈语脱化，而变为韵语。在敦煌文字中，今所见太子赞与董永行孝等文，即其代表也。唯故事全用韵语，或嫌呆板，于是一部分韵语故事，间加散文，盖套自佛经中之"文"与"偈"而成者。久之，又变为两体，一部分韵语减少，成为诗话词话，一部分仍旧，而弹词生矣。

二十八

《十二楼》三字，颇似一弹词小说名，其实则清人李笠翁所著之短篇小说也。书凡集短篇小说十二，每篇以楼名之，计为合影楼，夺锦楼，三与楼，夏宜楼，归正楼，萃雅楼，拂云楼，十卺楼，鹤归楼，奉先楼，生我楼，闻过楼，一十二种，每种至多四回，少则一回，在中国白话小说中，真正生面别开者。书亦名《觉世名言》，皆有步"三言"继起而述之意。书中亦述男女社会问题，唯如《乔太守乱点鸳鸯谱》《卖油郎独占花魁》等，则绝无之，盖有如序中所云：以通俗语言，鼓吹经传，以人情啼笑，接引顽痴者也。

二十九

通俗小说，续集最多者，殆莫过于《济公传》，以愚所见，已有二十四集矣。老妪说鬼，愈说愈奇，而对首集命意，遂无复丝毫存在。首集之出，大概在《七侠五义》之后，故雷鸣陈亮，无非黄天霸白玉堂化身。其于济颠除以诙谐玩世出之而外，并不涉及佛学。殊无若何艺术价值。至真正之济公传，实曰《醉菩提》，共二十回，仅述济公来去，不及武侠。诙谐之处，亦多可取。书中称谓，如官人虔婆婆娘等字样，尤多元人小说口吻，于杭州路径，亦是个中人语，决非《济公传》中北人向壁虚造可比。书原本当已失，今木刻本为清文人所改编，故文甚通顺，而题曰天花藏主编次也。

三十

《醉菩提》在光绪甲午年，另有石印本，改名为《皆大欢喜》，旁注济公佳话，市面通行亦不多，故两书均不为小说迷所知，而《济公传》转夺其席也。民国三四年间，小杂志盛行，某旬刊上，亦有小说曰《皆大欢喜》，以济颠混入现代社会为主干，意在讽刺。唯文未佳，无单行本问世。此外另有《醉菩提》《皆大欢喜》院本，演义本此，亦未可知。

又按道济，南宋实无其人。六朝宋释宝志，颠狂如道济，其事杂见史书，至梁武帝时死，颇多异迹，道济之事，盖由此讹传。宝志俗姓朱，小说则作姓李，著书者或亦未深考也。

原载1931年2月10日至8月25日北平《晨报》

谈长篇小说

作长篇小说，前头例应有个楔子。可是有些长篇小说不必要楔子，硬在前面加一个楔子，无味得很。

长篇的起法，像《红楼梦》《西游记》都不好。《花月痕》更是废话。《野叟曝言》用解黄鹤楼诗一首为起，生吞活剥，而且用法过腐，也不好。最好的要算《水浒传》，用仁宗年间已远一语，下面接上故事。自有褒贬在内，而能统罩全书。《三国演义》，用话说"天下分久必合，合久必分"十二字为起，亦有力量，不过下面引的史事太多，美中不足。

《儿女英雄传》，起法揭明楔子由来，未免外行。因为楔子和本文的关系，是应该暗示的。

京朝派的小说，很能代表北京中等社会以下的思想。他的起法，照例一阕《西江月》。不过不讲平仄，不讲韵叶，其实不是词，更不能说是《西江月》。向来小说一行，北方是平话式的。□以《施公案》《彭公案》《七侠五义》，换汤不换药，全是一路货色。《儿女英雄传》的作者，心胸那样高超，他小说里也有著者大发议论。北派小说，似乎没法打破平话的范围了。这与思想习惯，大概都有关系。

长篇小说，必须用章回体，若是笼统一篇，一线穿底，有许多不好处。第一，书里的精华提不出。第二，读者要随便寻找一段，没法寻。第三，为文不能随收随起。

若是分章，必要安一个题目，统罩全章。若是分回，回目不要用一个，必要用两个。回目的字面，无论雅俗，总要对得工整，好让读者注意。

原载1926年11月3日—4日北平《世界晚报》

长篇与短篇

一

近来常有读者不弃，致书与我，询问小说作法。吾虽以此为业，然以吾所业，合之于文学原则，举以告人，则实无所谓能。假日能之，则按章为节，等于演义，要亦不适于报章之揭载也。兹姑于佣书乏余，就立刻想到者，随录若干，以事补白，作读者之读助，不必即引以为法也。

长篇小说与短篇小说，其结构截然为两事。长篇小说，理不应削之为若干短篇。一个短篇，亦绝不许搬演成一长篇也。

短篇小说，只写人生之一件事，或几件事之一焦点。此一焦点，能发泄至适可程度，而又令人回味不置，便是佳作。

长篇小说，则为人生之若干事，而设法融化以贯穿之。有时一直写一件事，然此一件事，必须旁敲侧击，欲即又离，若平铺直叙，则报纸上之社会新闻矣。

短篇小说，不必述其主人翁之身世，有时并姓名亦省略之。而长篇小说，则独不许。因短篇小说，又在一件事之一焦点，他非所问。长篇欲旁敲侧击，自必须言主人翁之关系方面，既欲知主人翁之关系方面，主人翁之身世，不得不详言之矣！中国以前无纯小说之短篇小说，如《聊斋志异》，似短篇小说矣。然其结构，实笔记也。

二

笔记与短篇小说，有以异乎？曰：有。其异在何处？一言蔽之曰：有无情调之分耳，古人笔记，固亦有有情调者。然此项情调，只是一篇中有若干可喜之字句，非对于一事，有若何着力之描写，虞初新志所撰各短篇，几乎完全类此。然其文中，无论如何，必注重述事，而轻于结构，故终不能认为纯小说也。

长篇小说，亦有注重述事者，若列国演义，然旧小说令人不能感到兴趣者，亦以列国演义为甚，此可以知小说与历史之必异矣。

长篇小说之团圆结局，此为中国人通病。《红楼梦》一出打破此例，弥觉隽永，于是近来作长篇者，又多趋于不团圆主义。其实团圆如不落窠臼，又耐人寻味，则团圆固亦无碍也。

原载1928年6月5日—6日北平《世界日报·明珠》

短篇之起法

我们要谈到短篇小说，先要商量他的起法。作小说也和作诗一样，敷衍的起法固然不好，平铺直叙的写法也要不得。现在许多新派的小说，多半是用写景起，像什么蔚蓝色的天空，或者一个岑寂的夜里，千篇一律，毫无意思。固然，写景起也是一法，但是这一片景致，必须和书中结构，有密切的关系。

总之，写景也是在作小说本文，绝不要把这一段景致，当做入题的套子，而是这种写景之句也不宜太多，以免拖沓。

"在一间小书屋坐着一个少年"。这也是新派小说的老帽子。且不问其是老套子不是，一念之下，便觉得枯寂无味。我记得有人译《弱妹救兄记》的开头说：嗟夫，吾儿其死矣。言者为一老农……

这种起法，非常跳脱，而且极合西文的笔法。我们读小说的人，看到这几句话，没有不注意往下读去的。若直译为：

唉！我的儿子要死了，一个农人说……

如此说法，下面固然不如接，就是文势也平淡得多。读者必以这是文言白话之分，那也不然。我们再把文言译成白话试试：

唉！我那儿子恐怕是死，说这话的是一位农人……

我们咀嚼咀嚼这种文势，也就和文言差不多了。

写景起、叙事起，都无不可。但最能动人的，莫如描情起。这样起法，是容易引起读者兴趣的。我曾作过一篇《工作时间》，是这样起的。

小说家伏案构思，酸态可掬。文中时方状一剑侠，舞剑有光，光闪闪逼人，意至酣也，忽有一温软之物，加若肩上……

开首使用这些风趣的笔墨，最能使主篇不呆板，但也不可太趣，太趣，就不免油腔滑调了，至于像《聊斋志异》那种报名式的起法，偶然为之，也未尝不可。但报名之后，就不可背履历过多，要赶快由他的性情或行为上，递入一件事，归到本题，不然就是笔记了。

短篇小说，原不用得首尾相照，但能相照，那尤其有精神。不过倒装法，用结果写在前头，照后来径入题，不可为常。而且倒装要极含糊，不然，结果人都知道了，这小说读着还有什么意思呢？

原载1928年6月20日北平《世界日报·明珠》

小说与事实

　　小说家虽不免借事实为背景，然而当以事实章就文字，决不以文字章就事实。故事实而入小说，亦十之七八，非事实矣。某不才，尚知天壤间有公道。好好恶恶，必社会同情者，初不以个人之见解，而加诸膝，而坠诸渊也。毕倚虹先生，予所心折，然其为人，友朋中颇有微议。如《人间地狱》中写江湖源事，完全虚造，而又故意与人以索隐之地，毁其人甚深。实则所拮牛斯洋行之江某，偶因私事得罪毕先生耳。倚虹死且久，不愿多摘先死者之短，录此，可以知恨水之为恨水耳。此覆读小说者。

原载1929年3月29日北平《世界晚报·明珠》

小小说的作法

《明珠》的读者：

近来有许多小小说的稿子投来，大家好像很是有趣似的。然而，我检查之下，觉得大家有一点错误。这错误是什么？就是小小说的组织，只是在一反与一顺的文理。

固然，短篇小说的组织，是要有一个交错点，只是这个交错点，并不一定在文字里要表现出来，鄙人作的《死与恐怖》，树先生作的《插旗的大车》是个明证。此外，小小说，还有写一个极简单极单纯的感想或环境的，很不容易动手，他日有工夫，当写一篇出来，大家研究。

原载1929年9月14日北平《世界日报·明珠》

小说也当信实

一部《三国演义》支配大半个中国社会思想，小说之力，岂不伟哉？但《三国演义》之厚诬古人处，正复不少。如周瑜本是一位宽宏大度人物，少年就曾指囷赠友，《演义》却形容他成了一位气量狭小的汉子，卑鄙几近于小人。公瑾何辜，饮冤千古？

赵瓯北说：文坛代有才人出，各领风骚数百年。以中国社会之进步，教育慢慢普及，《三国演义》的鸿运，再不会有好久的时代了。中国当有高尔基或者雷马克的作家出来，另以新作来领导社会思想。果有其人，我倒愿早献一言：小说也当给社会留些信史，好比渲染关羽，不妨过火，描写周瑜，却千万不可颠倒黑白。五步之内，必有芳草，小说作家内亦有董狐在乎？予日望之。

原载1940年9月10日重庆《新民报》

武侠小说在下层社会

××兄：

　　您要我写点杂感，我很为难。我常和朋友定约，别拉我演讲，也别拉我写杂文，硬是推不掉。演讲我就讲落了伍的章回小说，杂文我就写点风花月扯淡的东西。我想，你们根本不和人帮闲，我也不好意思在你报纸上扯淡。那末，三句话不离本行，我还是谈点章回小说罢。若是您认为还不算过分敷衍的话，以后，有工夫就谈点章回小说。但是我保证，决不藉着章回小说散毒菌。现在，我先来谈散在下层阶级里的章回体武侠小说。手边没书，全是靠记忆写的。如有错误请代为纠正。下面是我对武侠小说的感想。

　　中国下层社会，对于章回小说，能感到兴趣的，第一是武侠小说，第二是神怪小说，第三是历史小说。爱情小说，属于小唱本（包括弹词），只是在妇女圈子里兜转。江浙人有一部分下层社会，也爱看爱情故事，但那全是弹词，不属于章回范围，这里不谈。所以概括地说，中国下层社会里的人物，他们的思想，始终有着模糊的英雄主义的色彩，那完全是武侠故事所教训的。

这种教训，有个极大的缺憾。第一，封建思想太浓，往往让英雄变为奴才式的。第二，完全是幻想，不切实际。第三，告诉人的斗争方法，也有许多错误。自然，这里不是完全没有意义的。武侠小说，曾教读者反抗暴力，反抗贪污，并告诉被压迫者联合一致，牺牲小我。因为执笔者（包括说话人）他们不能和读者打成一气，他们所说，也只是个"想当然耳"，所以他们的说法和想法，不是下层社会心窝子里的话，也就不能帮助他们什么。

那末，为什么下层阶级被武侠小说所抓住了呢？这是人人所周知的事。他们无冤可伸，无愤可平，就托诸这幻想的武侠人物，来解除脑中的苦闷。有时，他们真很笨拙地干着武侠故事，把两只拳头，代替了剑仙口里一道白光，因此惹下大祸。这种人虽说是可怜，也非不可教。所以二三百年前的武侠小说执笔人，若有今日先进文艺家的思想，我敢夸大一点说，那会赛过许多平民读本的能力。可惜是恰站在反面。

截至现在为止，武侠小说在下层社会势力最大的，是如下几部分：

《彭公案》《施公案》《济公传》《七侠五义》《小五义》及七十一回本《水浒》。此外如《七剑十三侠》《五剑十八侠》《隋唐演义》，也拥有相当的读者。《彭公案》《施公案》是康熙、雍正年间的说评书人底本，乾隆年间出版。《七侠五义》来源相同，出世稍晚，是北人石玉昆写的，原名《忠义侠烈传》，又名《三侠五义》。俞曲园后加修正，改名《七侠五义》，比较上是有点文艺性的作品。《济公传》，原是明人的《醉菩提》，其原书不过十回。到了清代改为《济公传》，一续再续，有七八续之多，完全是说评书人胡闹的底本，最缺乏文艺性（但《醉菩提》相当幽默）。《水浒》《隋唐》来源，人所周知。七剑八剑，无从考证，总括地说一句，都是清初以来，盛行民间的书，他们所反映的，也是那个时代的社会。若要找社会背景，倒是彭公施公两案，含有着丰富的材料。这两书里，告诉了我们奴才主义横行天下，清朝帝室管"皇粮"守"皇庄"的小奴才，整百万亩地没收人民的土地。而且鱼肉人民，贱视官吏，无恶不作。其次是无官不贪，绿林中人，简直不单称官，而统称之曰"贼官"。保甲长是小奴才的小奴才，和土豪劣绅打成一片。于是乎，农村社会，被迫着只有走上两条路：其一是各村筑堡自守，但必须一方面敷衍奴才，一方面与盗匪妥协；其二是干脆去当强盗，整个村子化巢穴。大地主当寨主，佃农和自耕农当喽罗。这样，中国变成了寸步难行的国家（至少黄河两岸，淮河两岸是如此），大路上到处是黑店，商人搬运货物，没有人保镖，休想走。亲民之官，如知府知县，装着一概不知。上面的人更是不管，一切听其自然。文学史上，不是告诉我们，这个时代，由考据到一切文艺（除了谈理学的文艺，因为那包有民族思想问题在内），都在勃兴中吗？而社会却是黑暗到如此。这可见庙堂文艺和人民不关痛痒到什么程度了。

虽然，人民的不平之气，究竟是要喊出来的。于是北方的说书人，就凭空捏造许多侠客锄强扶弱，除暴安民。可是他们不知道什么叫革命，这八个字的考语，不敢完全加在侠客身上。因之在侠客之外，得另行拥出一个清官来当领袖。换一句话说，安定社会的人，还是吾皇万世爷的奴才。因为如此，所以他们写出来的黄天霸、白玉堂之流，尽管是如何生龙活虎的英雄，见了施大人包大人就变成一条驯服的走狗。试就《施公案》说说，由芟除大恶霸到小土匪的指挥官，都是施大人。而制造恶霸土匪的贪官污吏，却轻描淡写地放过。只是在强盗口里多喊几声贼官而已。这样的武侠小说，教训了读者，反贪污只有去做强盗。说强盗，又不能不写他杀人放火，反成了社会罪人，只好再写出一批侠客来消灭反贪污的强盗。而这些侠客呢，他们并非社会的朱家郭解，都是投入衙门去当"捕快"，充当走狗。以侠客而当捕快，可谓侮辱英雄已极，作者自己，大概也难于自圆其说，只有他们是拥护清官，便又写一批反贪污的强盗，也来投降当走狗。因之，他们的逻辑是由反贪污当强盗，再由反强盗而当走狗，这才算是英雄。这种矛盾复杂的说教，请问，知识有限，甚至不曾识字的下层社会大众，有什么手腕来处理？所以他们崇拜英雄的认识，是十分模糊的。不过，公道究竟是存在人心的，你只看搬演施公的京戏，在《三义绝交》里面，并没有人同情黄天霸。而对《连环套》这出戏，观众都是百分之百，同情窦儿敦。可见以英雄而当走狗，却非大众所许可。只是武侠小说，并不赞扬民间英雄，读者也无从去学习。你尽管不赞成当走狗，却也不能在走狗以外你做一个标准英雄。因此，有一部分人，反模糊地走上了绿林的一条路。总括地来说，武侠小说，除了一部分除暴尚可取而外，对于观众是有毒害的。自然，这类小说，还是下层社会所爱好，假如我们不能将武侠小说拉杂摧烧的话，这倒还是谈民众教育的一个问题。

原载1945年7月1日重庆《新华日报》

《儿女英雄传》背景

在清朝二百多年间我们真没想到，最初两个成功的章回小说家，都出于旗人。第一个自然是曹雪芹，他是汉军旗人，成了《红楼梦》千古不朽之作。第二个却是满旗费莫氏文康（字铁仙）作下了一部《儿女英雄传》。笔者零碎地在报章杂志上，所收得关于文康的身世材料，大概他是满族镶白旗人。家住在北平海淀附近（也就是安水心之家了）。他是个不第的举子，文学有相当修养。因为出自旗人，是个有钱阶级，也是个有闲阶级，早年是过着公子哥儿的生活。旗人的吃一点儿、喝一点儿、乐一点儿"老三点儿"主义，他全有。晚年，儿子们不争气，以十足纨绔子弟的生活，倾覆了他的家产。他受了刺激，下帷读书，还中了点朱程理学的毒。本来满人是不爱谈朱程的，因为其中多少有点儿思想问题，他这一变已经有点儿奇怪了。同时，他是个不第的举子，以久居北平，对政治也有点不满。因之他对当时一个盛传着吕四娘刺死暴君雍正的故事，也有点爱不忍释。于是不平淡的生活，愤激的思想，新奇的故事，有闲的岁月，读书有得的文学修养，这五者融合为一，让他作成了这部《儿女英雄传》。

"读其书，不知其人可乎？"我们了解了文康的为人，就知道近人读《儿女英雄传》痛惜化神奇为腐朽这一点，毋宁认为是当然的结果。因为他生活的反映，不会写得比这更好。我们不妨再来解释一下：第一，他痛恨他的儿子们败家，他就幻想出一个安公子龙媒来大大的安慰一下。安龙媒不但中了探花（清朝初例，旗人不点元），而且是个孝子呢。第二，根据传说，吕晚村的女儿吕四娘，是成功之后，嫁了一个孝子的，而这孝子还是文士。《聊斋》上《侠女》一篇，不也是这样影射着吗？于是文康就把这个侠女做了他的儿媳，他用了十三妹三个字，隐射着吕四娘。他又怕这犯了忌讳，解说着十三妹是何玉凤的玉字拆开的。第三，他自己幻想出一个安水心来寄托着，不但道德（当时的道德）文章都好，而且也会了进士。也许他家祖和父，有人吃过贪官的亏，他就现身说法，做了一任知县，在河漕总督手上栽了大筋斗。河漕总督，是当年最能贪污的一个肥缺，他在举世公认之下，毫不隐讳地写下来。第四，雍正被刺而死，这是当时一个盛大的传说，因为他头一晚上还活跳新鲜，第二天早上就死了。国人是不能无疑的。雍正弑父杀兄，屡兴大狱。一手养成"血滴子"的暗杀团，满中国杀人，汉族知识分子，稍有不逊，都全家族灭。这是一个不折不扣的暴君。不但汉人，也许满人都胆战心惊。一旦被刺，这是大快人心的事。可是文康究竟是个奴才主义者，他不敢写，也不忍写，就把吕四娘行刺雍正，变为谋杀"血滴子"头头年羹尧。书里的纪献唐影射年羹尧三字，是再明白没有的了。但文康既宗学朱程，他不能同情刺客而作刺客列传，所以写纪献唐是被正法的，直用了年羹尧的故事。而十三妹有报仇之心，无报仇之事，也符合了作者那份儿迂腐的思想。这样解释，便可知道文康在他的儿女英雄之见解下，怎样作成这部书。论他的全书，和中国多数章回小说家一样，是托诸幻想，来聊以自慰的。不过论其动机，我揣测着他还是太爱惜吕四娘这位女英雄的原故。

回头我们再就书的文艺价值说。本书原名《五十三参》，有五十三回。现传的却是四十回。十三回失传了。另有三十回，是说评书人续写的，等于胡扯的《济公传》，不足一观。所以我们只能说正本四十回。先讲布局，前二十回很好，故事的运用，也很紧凑。自安龙媒点元以后，就有些扯淡。在个性的描写上，前一本也相当成功。十三妹、邓九公、舅太太、张老实、张亲家太太，都写得恰如其分。就是写安龙媒一时是无用的书生，一时是要变成纨绔式的名士，都也把握住个性的发展（不过做了官就完了）。写安水心，现在看来，有点像伪君子，是《红楼梦》贾政型的。不过红楼是有意这样写，而文康是无意的流露。大概他的思想，是以这种人为正确的罢？后半部故事坏了，人也就坏了。到安龙媒被任为乌里雅苏台大臣，全家像听到宣布死刑，这一幕悲喜剧，也小小的暴露了旗人是怎样的对付官司。可惜全书很少这样委婉而又深刻的描写。由悦来店红柳村这是书中的一个高潮，写得有声有色。也可惜后部几个高潮，越写越坏。总而言之，是受了作者思想的拘束，一定要"化神奇为腐朽"，以致创伤了全部主角。对河漕大人的贪污描写，也嫌不够深刻。最后，让这位淡大人去赶堂会画三花脸儿唱道情，也可见作者对于贪官，有一种不可忍耐的笑骂。此外，道路难行，强盗结寨，和尚没地窖，民间秩序之糟，和其他武侠小说一样，并无顾忌地叙述。这虽落了武侠小说的窠臼，也可见当年强盗遍地，统治阶级难以讳言的一件事。以文康的身份，他描写落草的强人，并没有说教的企图。这又可以反映到当时社会的思想，还不免把忠义寄托在上山杀人，下山放火者的身上，我们不能不为当年一班老祖父们叹息几声。其他对科场、对官场也都有点儿暴露。虽是粗枝大叶地写来，却也不少供给研究清代社会者一番咀嚼。

《儿女英雄传》的对白，太好，有些地方简直胜过《红楼梦》。纯粹的京白，流畅的语气，相当合乎逻辑的文法，章回小说里，很难找到对手。书里许多俏皮的句子，也有其幽默感。虽然有时啰唆一点，似乎不怎么讨厌。近时文坛，除了老舍兄，很难找到能写出这种漂亮对话的。至于书里，常常跳进作者叙述一顿，这是不足训的。可是章回小说，受说评书人的影响，北派小说家，就有这么个习惯，也不能尽责文铁山。至于意识方面，本书是不必去嗅察，就知道有一个浓厚封建气味的。我们只有在时代上面，宽恕了作者。本书原不必让他在民间普及，可是北方民间，除了《红楼梦》《水浒传》《三国演义》，恐怕他的深入性也不会让过《封神演义》与《西游记》（武侠小说除外）。好在科举早已过去了，这种劝人读书中状元的说教，也许不会流毒太深。至于欣赏文艺者，我倒劝他不必抹煞这部书。

最后说句题外的话，吕四娘刺杀雍正的故事，虽然当时盛传，恐怕还是民间无可奈何的幻想。我疑心不可能。至于雍正的确暴死，也许事出宫闱。因为"一舟敌国"，宫里也不少他的仇人啦。

原载1945年8月5日重庆《新华日报》

小说的关节炎

长篇小说中的关节，的确不容易，由这事渡到那事，必须天衣无缝，使人丝毫看不出来，这才是高手，否则硬转硬拐，不仅接不上气，读者也不能聚精会神了。

旧小说多半是"花开两朵，各表一枝"，或者是"按下不表，且说……"可谓其笨如牛。新的小说中，另有办法。然而弄好了的也不多。

当年刘半农曾经大大地挖苦过一阵，他拟了一个格式，即是"老王去找老刘，半路上遇见老李，于是写老李回家，由老李回家，在街上碰到赵大和孙三打架，于是叙上了赵大，结果是红头阿三来排解，赵大孙三都跑了，底下就拉住红头阿三不放，等到红头阿三下班，又瞧见了钱六，赶紧写钱六，钱六当晚应个宴会，于是老侯、小马、周七，一齐出场，乱成一片，结果，老王找老刘的事早丢到天外去了。"这个是开玩笑，但确有此种情形。

平江不肖生（向恺然）的《江湖奇侠传》总算是脍炙人口的小说了，但他也犯这个毛病，正说两派之争，忽然说到某甲的学艺，由某甲又说到他师傅某乙，便又由某乙从师傅某丙谈起，某丙有一

250

天上山打柴，遇见了老虎，打不过它，被某丁一箭将虎射死，底下就写上了某丁，由某丁说到他的妹妹某戊，而某戊又是跟老尼某己学的，某己是高僧某庚的徒弟，结果把两派之争全忘了。

这些硬渡的办法，无以名之，名之曰"小说的关节炎"。

原载1946年4月17日北平《新民报》

章回小说的变迁

什么是小说？照普通人看来，凡叙述民间小事，情节动人的，这个叫小说。但是这不能归入小说的定义。我们就拿《三国演义》来说，这岂不是历史上的大事吗？怎么也叫小说呢？我个人的意见，应该说："凡是宇宙间的故事，说起来很动人的，这个叫小说。"

我们首先要考一考，小说二字的来源。《庄子·外物篇》上说："饰小说以干县令，其于大达亦远矣。"这是最古的小说两个字。但是那个时候的小说，与现在的小说，完全是两回事。下及隋朝（唐朝已经有类似小说的抄本，不过词句非常拙朴，这在敦煌石窟里发现的），都是此类。《汉书·艺文志》说过，"小说家者流，盖出于稗官，街谈巷语，道听途说者之所造也"。不过，这个书自唐朝以来，已是亡个干净。好在它是街谈巷语，完全写些小事，我们可以想得出来的。

唐朝虽然有书，但也不过万来言短篇故事（《秋胡》《唐太宗人冥记》等），而且抄的别字很多，也不为文士所喜欢。但是不为文士所喜欢，却是民间喜欢这类故事。传到宋朝手上，皇帝都要看这一路书。《七修类稿》上说："小说起宋仁宗，盖太平盛久，国家闲暇，日欲进一奇怪之事以娱之，故小说'得胜头回'之后（后面有说'得胜头回'故事那时再说），话说赵宋某年。"这就是小说这类文章，已经打入宫廷了。然这里小说，已经不是《新唐书·艺文志》里的小说，完全是《都城纪胜》《梦粱录》上面的，"话说人分四家"这一路了。

　　说到这里，就是南宋（都城为杭州）元朝，这连接年间里。这南宋"说话人"，好像现在唱大鼓书一样，颇为盛行。我们所认为小说，大多数是仿他们"拟话本"来的。因为就是那个时候，先生教徒弟，就以他所说的"话本"相授。我们看到这"话本"，有些文字颇欠工夫，就搞了个"拟话本"出来。当然我们看了"拟话本"，比"听话"所费的工夫，耗的钞财，那节省得多；这就是小说兴起原因之一。

　　"说话人"分四家，哪四家呢？"说话人"说的，统名之为小说，小说细分为四家，我现在拟个表如下：

　　不过这个表里，也有分别的说法。就是"公案"这一路，归之于"银字儿"。"银字儿""铁骑儿"统名之为小说，余外

"说经""讲史"，那就不名为小说。但是这话，很难说的。比如说"灵怪"，这就和"妖术"差不多，"神仙"和"说经"也极为相似，战争和"朴刀""杆棒"，也有类似之处。至于有的名为小说，有的不名小说，那更是不好强为分开。所以宋朝认为怎样好，我们就也以为怎样好罢。

"说话人"既认为"话本"为他不传的秘本，所以章回小说以倚靠"话本"为准绳。他们头里有"诗话"，有"词话"，有"得胜头回"，文里有"花开两朵，各表一枝"，有"看官"，有"欲知后事如何，且听下回分解"等等词句。这是"说话人"对"听话"人说的话。这里的"诗话""词话"，是一首诗或者一阕词，和这故事有关，拿来说一遍，然后引入正文。至于"得胜头回"，若不说出它的原故来，就令读者莫名其妙。因为从前，说书的在各处敞地说书，先把喇叭一吹，号召听众。这喇叭所吹的，曲牌子就叫"得胜令"，这里省了一个字罢了。头回，是书上的第一回。书上用了这"得胜头回"，就是说，给下面这一段书，作了个引子。

我说"拟话本"的时代，这是小说第一时期，大概从唐宋时期起，至明初止，这是短篇小说最流行的时期。到了元朝时间，有了《三国志平话》和《水浒传》，又到《三国演义》，这时，长篇小说，慢慢乎兴起了。而同时在"拟话本"里，文字上也仔细一点。这是在明季中叶，算是第二时期吧。后来《西游记》《封神榜》，一直到清朝出了《儒林外史》《红楼梦》，自明朝末年起，到清朝中叶止，这就是第三个时期，也是章回小说最活跃的时期。我们看《儒林外史》，那话多么俏皮。又看《红楼梦》，那场面多么伟大。至于"拟话本"那些短篇小说，不但是没落，简直中断了。自《红楼梦》那时起，一直到现在，至少是第四个时期了吧？若论小说的名字，那真是浩如烟海。不过论到章回小说本身，这里还没有哪一本小说，够得上和《红楼梦》《水浒传》比上一比的（我这里论章回小说，别的小说不在内）。不过文章词句里面，这又有一点变迁，好坏那另为一说，这就是用"话本"的老路子，越发的少了。

因时代的转变，章回小说受了转变的影响，也就变化起来了。不过这变的范围，似乎还很小，我们干这行的，也看到这一行没有起色，就转向别的方向去了。我们本应当变的，因为看死了不变，这就莫怪人家往另方面跑。比如说："欲知后事如何，且听下回分解。"我们看，这里有一个"听"字。我们要不是对人讲话，这听字就用不着。我们拿了书，让大众观看，根本上不能听呀。这本是"拟话本"的人，故意装成对大众讲话的样子的。后来作书的人，未加审察，也就这样子用着（我初年也是如此），其实，是不对的。

这就要说上这个"回"字。回，就是一章的"章"字。在小说上，有时写成章回两个字，也是作一回讲。这有好的例子，这里不是一段交代之后，说"且听下回分解"吗？这就是这段书完了，下一段再来分析。所以"说话人"在说书时，一回书完了，把惊木一拍，这也就是说这一回书完了。

我们现在可以谈谈宋人留下来的小说，给我们一点摸索的影子。我们现在只谈两种书，一是《大唐三藏取经诗话》，一是《武王伐纣平话》。这两种书，大约都是宋朝人作的，不过此书出版，"诗话"本有"中瓦子张家印"，这是南宋杭州书店招牌，所以认为是南宋本。不过也许这个张家，虽然经一度大变，说不定还依然存在，开着书店。所以"南宋本"也要加一个问号。《武王伐纣》一书，那就证明完全是元本。

这两种本子看定了何年出版，我们再看它的内容。这"诗话"本，没有回目，但是有"入香山寺第四"，"经过女人国处第十"等等小题。至于"平话"本，除了有诗句而外，那就一线到底，没有回目的。所以我们摸索，元末明初罗贯中撰《三国演义》，开始才有目录（在前元时《三国志平话》，没有回目）。但目录开始的时候，并不好，而且有一回一个回目的，像《封神榜》就是。到后来慢慢地改良，像《花月痕》它的回目，极为整齐。这在小说成为大众读物的时候，已在五百年以上了。

我们看小说，那样成为人的嗜好，明朝才有的。可是听说书，在唐朝就有了。李商隐的诗，"或谑张飞胡，或笑邓艾吃。"这是一个证据。不过那时，就是听"说话人"讲故事。至于"话本"留传，在宋朝末年才有的。而且这种"话本"，是极为粗糙的，经文人仔细地删改，而后才有小说可读。但那个时候，小说终为不登大雅之堂的，虽有二三部为不朽之作，究竟是太少了。直到后来，《儒林外史》《红楼梦》，这些作品问世以后，仿佛开放了一点。不过经了那么多岁月，已经是太长而又太长。而且那反动政府，像以往那些政府一样，一般对这章回小说，不屑一看。我们稍微有点希望，还是民间爱好。我们幸得这民间爱好，才有我们这班人弄章回小说，就这样勉强过了几十年。

　　现在好了，在共产党领导之下，非常重视文艺工作。对我们这班作章回小说的人，给我们许多便利与照顾。就我私人说，党对我的创作以至个人的生活都无不关怀备至。因此，我希望章回小说家，努力创造，能够多写几本大家爱看的书。

　　最后，关于章回小说，我还想说以下几点：

　　第一，这章回小说，大部分是"拟话本"的，我们首先要研究它的优点与缺点。第二，它的优点，大部分是这样，如说话好，故事非常丰富，结构也很紧密，最好的是一线到底。第三，人物动作似乎太少了。"小动作"更少。至于写景，也少得可怜。第四，关于分回，那当然不动为是。可是它那些套语，像"各表一枝"，"且听下回分解"，"有话即长"等等无关重要的句子，可以去掉。第五，如"得胜头回"等类，无论是短篇或长篇，可以不要。第六，关于回目，还是要的好，它能够吸引观众，从何处注意，既然是要，做得工整一点好些。我想到这些，当然还有。至于要写或不当写。我这里听大家的意见。

　　　　　　　　　　　　原载1957年10月号《北京文艺》

从自己的著作谈起

一九五六年的国庆，我曾经写过一篇文字，现在一九五七的国庆又来了，我写什么呢？当然，这一年内，钢铁、运输、铁路、矿产等等建设，都有着惊人的发展。但是我不写它，我想从一个最低的自己的角度上写，我是一个从事文艺工作的人，自觉创造得不够，真是对不起读者的盼望。不过虽是一个不成熟的作家，各方面依然在督促我写稿。这一方面感到自己惭愧，一方面又觉得中国文化发展得有令人不可信的程度。

我们先说一个出版已久的《啼笑因缘》吧。这书从我们知道的算起，出版也有三十次。自然，有些地方，私自翻版的还不算在内。那个时候，重版的书印数，少得可怜，每次约自三千部到一万部，所以大约也有十几万部。现在看起来，当然是很少的。可是那时为旧政府统治下的地域，这销数，已属难能了。可是现在怎么样？就是翻版两次，已经达到已往三十次出版数的水平。我们要知道，这书已出版三十年，虽然有点回忆，可是根本不足道的。有这样的销数，这是现在政府，把文化水准一年比一年提高的结果。我敢大胆说一句：这是已往的旧政府统治下，做梦也想不到的事情。

　　还有一部书，叫《魍魉世界》，原来叫《牛马走》，是中国抵抗日本军阀，在重庆《新民报》披露的一本，约有五十余万言，这在从前，没有资本出这样的书。现在由《大公报》先披露大部分，后由上海文化出版社出版，到今不到几个月工夫，就重印一版了。还有一部叫《五子登科》，也是在文化出版社印的。这书是写当年国民党的事，是派专人到北京来接收屋子、金子、车子等等。这书也快出了，若是这书，送在国民党手上，当然没有出版的希望了。

　　这都是写解放以前的书。现在陆续付排的书，北京出版社共有三部，一为《孟姜女》，二为《孔雀东南飞》，三为《磨镜记》。关于这三部书，《孟姜女》虽然各地都有传说，而且传说大致相同，可是没有一本真正的小说。其次为《孔雀东南飞》，这是一首古诗，各种戏，早已就有了，可是照诗的境地，演为一本小说，也似乎没有。这书中小说人物，出在笔者的家乡（安徽潜山县），所以笔者对书中的人物背景，比较的熟习。去年曾在上海《新闻日报》披露，今年就交北京出版社出版。最后说到《磨镜记》，这就是福建戏（如今各处戏都有），叫做《陈三五娘》。

　　我也有两部新书，一是《翠翠》，这是个中篇，约五万字上下。是《剪灯新话》，有这么点影子，后来《拍案惊奇》里把这文重编了一番。但这是个悲剧，很少英雄人物。我把它编成喜剧，写了几个人物有英雄气概，大概约十月尾可以交卷了。其二，是《记者外传》，这有五十万言以上的长篇，每回约有一万字，约有四集。现在第一集，快要交卷了。这本《记者外传》是描写我从来北京时候起，到我第一次离开北京为止的亲身经历过的记者生活。上海《新闻日报》和其他报社记者来北京和我谈起时说，都很赞成，并争预定稿。这本书将交《新闻日报》发表，然后由通俗出版社出版。

本来这里既担任一个长篇，又担任一个中篇，我自己审查自己的能力，半年的工夫，恐怕有点不够。虽然在审查之后，又加以审查，最后又尽力之所能，复加以审查，但是我的能力，究竟有限。所以在自己审阅一过，拟还请我的朋友看看，有何处不好，再加以删改。我们在国庆这一天，看见我们的国家，这样事事物物，都在一日比一日进步勃兴，是多么令人鼓舞、兴奋。

原载1975年6月版香港通俗文艺出版社《山窗小品及其他》

关于读小说

如今是新年了。有的放两天假，掩上门来，伏在案头读小说。有的在旅行中，在车上，在船上，以及在旅馆中，找着一个安适的地方读小说。有的本来喜欢读小说，在这假期中越发地去读小说。小说这样引起人的爱读，究竟这里面有益处或者有毒处呢？我斗胆答复一句：这要看你找什么小说读。好的小说，很多可以帮助你增长知识，开拓思路，这都是有益的，可是，你若不去选择，只要是小说，拿起就读，这里很可能有些黄色故事，读了我们不但没有好处，很多地方诲淫诲盗，那是有害的。尤其一般青年，不可读这类小说。

宋朝有一种卖"说话"的人，为了教授徒弟或者自己怕忘了，就编一个本子，给自己查看，这个本子就叫做"话本"。话本的出现就是中国小说的一个重要的发展。卖"说话"的人，在哪个地方卖呢？都是在空地里的。既是在空地里，又怕别人不知道，就用乐器奏一个《得胜令》。奏完了之后，人家知道是卖"说话"的，就从四方来听他的"说话"。卖"说话"的就在这"说话"之前，讲上一段小故事，以作引子，这就叫"得胜头

261

回"。"得胜"是把"令"字缩掉了，"头回"是头一回了。在这引子里头，"说话"的总要批上几句，对这故事里的事，或褒或贬，作一个公平人。"话本"如此，"拟话本"不但如此，还在批评里头多加上一点。可见当时作小说的是要劝人往有益的方面走了。

有人就问：这"得胜头回"，何以后来没有了呢？难道有益有害，后来就不问了吗？我说：不是的。这是由于小说的写作技巧进步，用不着这"得胜头回"了。例如中国最有名的长篇小说《红楼梦》同《儒林外史》等几部书，读过的人，当不难看出大家庭腐败，婚姻压迫，以及官僚肮脏的是非，用不着在书前面再说他几句。读《儒林外史》等书的人，如果读完笑一笑就算了，这还不一定是会读小说的，必要心里明白了作者的主要意思，这才是善于读小说的。

小说还有个时间问题，不可不知道。《儒林外史》本来明明要说清朝的事情，但作者故意一隐，就说明朝的事情。在清朝的人读它，明明被它挖苦一顿，却是不好如何，因为他扯上明代了。现在清朝也过去了，但是书中描写那些文人腐败，还是活灵活现在我们面前。所以这里可分两部分读：他说的衣冠住室，这完全过去了，我们无从捉摸，就是捉摸得到，也少有用处。至于他写的人，声音笑貌，那完全没有变动，我们就完全赏识这一点。因此我们看小说，要分别这里面的年代。可以移动的外表，过去算它过去了，至于不移动的内容，只要写得好，我们要尽量鉴赏它，这才是善读小说的人呵！

这里又有问题了。《红楼梦》写的宝玉黛玉虽有爱情却不能配合婚姻，两人都饮恨千古。这样的事，现在少了，将来可能没有。但是前四五十年，几乎青年男女都会碰到这样的事。所以《红楼梦》一书，当时青年男女最爱读。我们生在现时代，要读古典文学的书，就得先明白古今风俗有所不同。

再顺便谈到我自己。我写的小说，已出版的大约有六十部。照说，也就不算少了。但是我自己鉴定，可读的真是太少。不过我作小说，虽然信笔所之，这内里多少有一点风俗及各种习惯吧？因此，就风俗习惯上说，可以翻翻罢了。大概我写小说，可以分三个时代。第一是我出版《春明外史》《金粉世家》等小说的时代。第二是国难严重，我作《疯狂》《魑魅世界》的时代（原名是《牛马走》）。第三就是现在。我自己知道所学的太不够了，要多读，多看，多跑。虽然我的年纪也不算小了，但是现在人寿长了，活个八十九十，那真算不得一回事。所以我愿多接触一点，多见识一点，这于作小说上，有很大的帮助的。

各位不爱看小说，那就罢了。若是爱看小说，又不经意地碰上了我所作的一部，那就奉劝各位，先把年代翻上一翻，看是何年作的。当然，我自己就"有则改之，无则加勉"了。

比我作小说还早一点，上海出了黄色小说，报章杂志大登而特登。至于内容说些什么？我不愿说它，反正两条路，一是诲淫，二是诲盗。上海一兴，全国就跟着来。由于看了这项小说，有十几岁的小子，学会了偷盗，还有到峨眉山去寻师的。至于诲淫，我不说，诸位也明白的。这种风气，闹了二三十年光景，现在国内已经没有了。可是据朋友说，国外还有。朋友，这般小说，千万看不得。要看了的话，小则丧失志气，大则无所不为。

只要没人看，这些黄色刊物，自然慢慢就淘汰了。

小说的力量是不小的。清朝进关，多少得力于《三国演义》。当时带兵的人，多有一部《三国演义》，当作兵书。他们最所崇拜的，就是书里的关羽。羽字还不能提，称关羽做关公。这样皇帝既供奉，老百姓也跟着供奉。所以在清朝统治之下，无论什么地方，都有关羽庙，这庙呵，大则高殿崇楼，小则一个人也不能站立。这为着什么？不就为的受了《三国演义》的影响吗？所以小说，你别小看它！你要看小说，就要善于选择。

原载1975年6月版香港通俗文艺出版社《山窗小品及其他》

作小说须知

小说怎样作？怎样能作成一篇好的小说？许多人这样问我，而且想我用最简单的话来答复他，但是这却很难。在文艺上无论哪一门的东西，都可以发挥起来，作成几十万言的讲义，何独至于小说不然。而且小说在文艺上占着很重要的位置，"小说怎样作"，"怎样作成一篇好的小说"，如此两个重大问题，岂是三言两语所能解答的？不过我们办这个周刊，原意就是要在这一层上面，多多贡献一点。我们虽不能整本整本的，编出讲义来贡献，但是零零碎碎，提出些要紧的来，随之谈谈却未尝不可。

今日是我们贡献的第一次，我们说些什么呢？中山先生说，知难行易。我们要会作小说，当然先要知道作小说。要知道作小说，现在没有教员来教我们，我们只有自己去求得了。因此，我由我的经验上，定一个求"知"之方。诸位虽不必照方吃炒肉，这好譬是一张游艺大会的入门券。介绍诸位进门，至于各人喜好哪一门，那就非我所能问了。闲言少说，且把单子开出来。

（一）要投身到社会上去。你能知道的，尽量去求得。不曾知道的，眼不能见，至少也当请教于知道的人。（二）因为第一点，要养成观察的习惯。观察不是闭门卧游的事，有机会就要去游历。（三）要知道美术，尤其是在图画摄影一方面，因为可以供给你描写风景的绝妙方法。（四）要学一种外国文，至少要有查字典的能耐。因为现在是世界社会，作小说难免有适用外国字的所在。（五）对于文学，要有普通知识，而且要注意修辞学。（六）要学词章。知道词章，然后文字可以做得美一点。而且写情（不专指男女之爱）的地方，作诗的人，很占便宜。（七）要注意戏剧一类的艺术，他并告诉你剪裁的方法。（八）要有科学常识，不然，很容易说外行话。（九）对于你所爱的东西，要充量去研究。因为你照此写出来，有事半功倍之效。（十）中外名家小说，至少读五十种以上。

章与回

　　我很对不住本刊的读者。上一期，适在我的病中，稿子是由舍弟代发的，我竟不能有什么贡献。这一期，我本想做一点东西，又因外埠两篇长篇正在催稿，不能让我有查书的工夫，所以关于考证的东西，只好再展一期。昨日有一个朋友，问我长篇的章与回之分，我曾说了一点，现在撮记起来，就算是我的分子。

　　章，中国的白话旧小说，很少这种体裁。至于传奇弹词，虽然分章或分折，但那又是韵语本，不能为标准的。回，大概是汉文小说独创的，拼音文字的小说里，绝对没有，也不可能。

　　分章的小说，每章要自成一个段落。这一个段落，大概总是整个的。所以本文前面，按上一个题目，自然能包括全章。至于它在全篇小说里面，大概因起承转合，分成部位，虽不必恰好是回章，但它的性质无非是由回章扩充起来的。回目的小说，它却与分章的不同，每回不是整个的一段，它不过是在全篇小说里，找两三件事，合成一回。而这一回，有时与全篇起承转合有关，有时一点关系没有。例如《红楼梦》的三宣牙牌令，这不过描写全文极盛时代之一斑，把它删了，与本书无大关系。这是与章最不同之一点。因为若是全书里的一章，就万不能删割的。

章回性质，既各有不同，长短自异，照说，章只能作一二十段，若是回目，拉长到一百以上，那是常事。因此章的命名，总求笼统，回目照例说两件事，作一副对联（也有只写一联，与下回相对的，但是究嫌不美），这一副对联，为引起读者注意起见，要下点工夫才好，但是倒不妨琐碎。

由以上所说的几件事看来，你作长篇小说，未下笔之先，打算分章或分回，很可先审度一下子了。

剪　裁

一个小说家，他若不知道戏剧一类的艺术，他的作品，是不容易成功的。我贸然说出这一句话读者或会莫明其妙，但是我一指出"剪裁"两个字，诸公就会恍然大悟了。

一本戏剧，或一部电影，甚至一张风景画，它所包含的，只是在一个整个事实或情绪中，挖取一部分。看的人，只看了这一部分，对于全体，自然会明白。演剧的人，要演王三姐抛彩球，并不在乎把做彩球的那一段事实，也要加入戏剧里去的。这一个道理，粗枝大叶，是很显明的。再往细处一点说，有极小的事，要扩大写出来的，像《新年之一夜》的影片里，查票员在电车站外，捡到一双女鞋，这是无关本片情节的，然而这可以写出坐客上下拥挤的情形。又像京戏《翠屏山》，海和尚到杨雄家去的一晚上，这是极富写出的关键，而又极不堪的事。然而戏里，只写迎儿开门关门而已。而观众自然明白，这个是什么，这就叫作剪裁。

作小说，若是把整个的事实，整个地搬来整个地写出，平铺直叙，不但毫无意趣，而且那事实上的精华，也必定因作者写得拖沓复杂，完全失去。所以作小说的剪裁工夫，是要紧的一件事。同时，我愿把我一点经验，介绍本刊的亲爱的读者。诸公若是愿意作小说可以多看外国电影。因为那上面给予我们剪裁的教训，既明显而又精粹。

附志　剪裁和穿插，我们看去，好像是一件事。其实不然。譬如短篇小说，短到一千字以下，是用不着什么穿插的，然而剪裁工夫，却更要仔细。所以剪裁和穿插不是一回事。至于穿插怎样适当，下期可以谈谈。

总答谢

——并自我检讨

　　谢谢各位前辈，各位朋友，谢谢文艺抗战协会，谢谢新闻学会。

　　用甲子推算，今年是不才五十岁，又以试学写作（实在谈不上创作）的日子计算起，东涂西抹今已有三十四年。实行作新闻记者之日算起，今已有二十六足年。朋友们觉得我这辈子太苦了，要替我作五十岁，安慰一下。而把写作整数外的零头，加入当新闻记者的年月，则各得三十年。又要借贱辰和我作个三十年的写作与从业的纪念。我是乙未年旧历四月二十四日出生，当朋友打听我这个日子时，我总是瞒着。但我心里又搁不住事，日子久了，我终于说出来："我是某日生，谁要和我作生日，谁就是骂我。"而朋友的答复更幽默："我们就骂你一次。"这真无法了，我就预拟了个计划，学学要人，届时来个避寿，溜之大吉。

　　在这个过程中，一班老朋友，已暗暗地拟好了庆祝大会的节目。乃是《新民报》成渝两社，分办成渝茶会，几张刊物出特刊。而文艺界抗敌协会，以不才是第一届理事，至今是会员。新闻协会以我是监事，又以我是同行中的一个老跑龙套，也要加入作茶会的主人。照说，这种光荣的赐予，我应当诚恳地接受。可是我想到物价的数字，我也立刻想到不应当由我这百无一用的书生而浪费。而且我的朋友，不是忙人，就是穷人。对忙朋友，不应当分散他的时间，对穷朋友不应当分散他的法币，于是我变为恳切地婉谢。几位老朋友劝之不行，总是说我过分矫情。而且特刊的文字，都已预约好了，《万象》周刊，且已排版。无法，我只好默许了文字的奖励，当为拜领，其他一切仪式从免。朋友仍不许可，直到贱辰的前两日，依然僵持，而茶会请柬，已不能发出，方才罢休。可是成都方面的仪式，我又无法阻止，也只有遥遥地敬领了。

在重庆虽一切仪式无从实行，但朋友的盛意，我是万分感激的。而成都方面的仪式中，大概有许多是神交已久未曾谋面的朋友，尤其让我感谢。就是重庆方面，也有许多神交，纷纷到新民报社祝贺，致令扑空而回，更让我惶悚无地。至于过重的赠与，不敢捧领，当一一璧回。以上这些话无关文艺，我不能不有个交代，占去报纸许多篇幅，我是引为歉然的。其次，对特刊朋友的溢美的奖许，我愿借这个机会，自我检讨一下，更求以后长期指教。

一、写述方面。不才写了三十四年的小说，日子自不算少，其累计将到百来种，约莫一千四五百万字，毋宁说那是当然，何况写作，并不重量，这无足为奇。关于散文，那是因我职业关系，每日必在报上载若干字，急就章的东西应个景儿而已，有时简直补白作用，因之毫无统计，只当下了字纸篓，这个，朋友也替我算过，平均以每年十五万字计算，二十六年的记者生涯，约莫是四百万字。这就是朋友谬奖我二千万言的写述。若果如此，那末杂货店的流水账，也可算作立言，三十年的时间，谁又不能拿出数十万字的文章来呢？此外，朋友又谈到我的词曲和诗。诗，我曾弄过一点消遣，从前，一年可写百十首，多近体，近七八年来，写诗比文人打牙祭的次数还少，无足称道。词，我是二十四岁才学的，恐怕至今没有成熟。曲，我不懂音律，生平不曾填过十个散套，不知朋友怎会把制曲来许我？

我报过了量，再谈质罢。我毫不讳言地，我曾受民初蝴蝶鸳鸯派的影响，但我拿稿子送到报上去登的时候，上派已经没落，《礼拜六》杂志，风行一时了。现代人不知，以为蝴蝶鸳鸯派就是礼拜六派，其实那是一个绝大的错误。后者，比前派思想前进得多，文字的组织，也完密远过十倍。但我这样说，并不以为我是礼拜六派，远胜鸳蝴派，其实到了我拿小说卖钱的时候，已是民国八、九年，礼拜六派也被"五四"文化运动的巨浪而吞没了。我就算是礼拜六派，也不是再传的孟子，而是三四传的荀子了。二十年来，对我开玩笑的人，总以鸳鸯蝴蝶派或礼拜六的帽子给我戴上，我真是受之有愧。我决不像进步的话剧家，对"文明戏"三字那样深恶痛绝。

在"五四"的时候，几个知己的朋友，曾以我写章回小说感到不快，劝我改写新体，我未加深辩。自《春明外史》发行，略引起了新兴文艺家的注意。《啼笑因缘》出，简直认为是个奇迹。大家有这一个感想，丢进了茅厕的章回小说，还有这样问世的可能吗？这时，有些前辈，颇认为我对文化运动起反动作用。而前进的青年，简直要扫除这棵花圃中的臭草，但是，我依然未加深辩。

我为什么这样缄默？又为什么这样冥顽不灵？我也有一点点意见。我觉得章回小说，不尽是要遗弃的东西，不然，《红楼》《水浒》，何以成为世界名著呢？自然，章回小说，有其缺点存在，但这个缺点，不是无可挽救的（挽救的当然不是我）。而新派小说，虽一切前进，而文法上的组织，非习惯读中国书，说中国话的普通民众所能接受。正如雅颂之诗，高则高矣，美则美矣，而匹夫匹妇对之莫名其妙。我们没有理由遗弃这一班人，也无法把西洋文法组织的文字，硬灌入这一批人的脑袋。窃不自量，我愿为这班人工作。有人说，中国旧章回小说，浩如烟海，尽够这班人享受的了，何劳你再去多事？但这里有个问题，那浩如烟海的东西，它不是现代的反映，那班人需要一点写现代事物的小说，他们从何觅取呢？大家若都鄙弃章回小说而不为，让这班人永远去看侠客口中吐白光，才子中状元，佳人后花园私订终身的故事，拿笔杆的人，似乎要负一点责任。我非大言不惭，能负这个责任，可是不妨抛砖引玉（砖抛甚多，而玉始终未出，这是不才得享微名的原故），让我来试一试，而旧章回小说，可以改良的办法，也不妨试一试。我向来自视很为渺小，失败了根本没有关系。因此，我继续地向下写，继续地守着缄默。意思是说，不必把它当一个什么文艺大问题，让事实来试一试，值不得辩论。若关于我个人，我一向自嘲草间秋虫，自鸣自止，更不必提了。

为了上述的原因，我于小说的取材，是多方面的，意思就是多试一试。其间以社会为经，言情为纬者多，那是由于故事的构造和文字组织便利的原故。将近百种的里面，可以拿出见人的，约占百分之七八十，写完而自己感觉太不像样的，总是自己搁置了。也有人勉强拿去出版的，我常是自己读之汗下，而更进一步言之，所有曾出版的书新近看来，都觉不妥，至少也应当重修庙宇一次。这是我百分之百的实话。所以人家问我代表作是什么，我无法答复出来。关于改良方面，我自始就增加一部分风景的描写与心理的描写，有时也写些小动作，实不相瞒，这是得自西洋小说。所以章回小说的老套，我是一向取逐渐淘汰手法，那意为也是试试看。十年来，除了文法上的组织，我简直不用旧章回小说的套子了。严格地说，也许这成了姜子牙骑的"四不像"。由于上述，质是绝不能和量相称，真是"虽多亦奚何为"？

二、从业方面。在十八九的时候，我对新闻事业，发生了兴趣。二十岁到汉口，有些朋友，正是新闻记者，因此我常写些不高明的稿子给他们补白。大概是旧诗、游记、戏评等类。直到二十四岁，我才到芜湖《皖江报》当总编辑，兼编副刊。那个时候，在内地当记者，用剪刀得来的材料，比用笔写的多百分之八九十。所以总编辑者，那是个纸老虎。同年秋天，我到了北平，本打算入北大做旁听生（许多人疑我是北大学生，其故在此）。但到了以后，在一个上海驻京记者那里帮忙，地点在南城，到北大太远，原意暂搁，不久入北京《益世报》当助理编辑，专职熬夜看大样，更谈不到求学，是后曾在世界通信社、联合通信社、《今报》当编辑，并继续在《申报》驻京记者处帮忙。《益世报》早已调我为天津《益世报》通信，同时，又为上海《申报》《新闻报》通信，我又干上采访了。至民国十三年，入《世界晚报》编副刊，十四年兼编《世界日报》副刊，并曾一度任总编辑。十七年任北平《朝报》总编辑，到十八年，我在南北各报，特约的长篇小说增多，我才把世界日、晚报的副刊事务辞去。中间相隔一个极长的距离，到二十三年，我才任上海《立报》的编辑。民国二十五年，我在南京，自创《南京人报》，至南京撤退，报始停刊。入川后，在《新民报》编了两年副刊。以后只写写东西而已。根据上述的经过，我是内外勤及经理部都干的人，透着职务不专。在这样长的时间中，我竟没有写过一本新闻学的书，未免太不长进。

写述三十四年，成绩如彼，当新闻记者二十六年，成绩又是如彼，朋友要和我纪念，我自己问心，不惭愧吗？假如茶会真开了，一个面白无须，身着旧川绸长衫的措大，在许多来宾中公然受贺，那窘状是不可想象的。朋友说我矫情不如说我知趣，朋友，以为如何？虽然，十六日那天，许多老朋友终于请着夫人和小天使，不嫌长途跋涉，光顾到建文峰下，把三间茅屋涨破了，桃花潭水深千尺，我无法形容老友给我的温暖。"上苍假我数年"，到了六十岁以及七十岁，那时，我当在北平中央公园的来今雨轩，备一杯茶，请老友赏晚开的牡丹。或者在南京后湖公园，请老友吃樱桃，以补偿今日的慢待。

最后，对于《新民报》蓉社茶会，蒙各位先生赐顾，未能亲到道谢，并志歉忱。还敬祝一切朋友健康！

1944年5月16日为庆祝张恨水五十寿辰与他创作三十周年，《新民报》重庆、成都两社分别举行茶会祝贺，《新民报》等报出版纪念特刊，本篇文章是张恨水对各方面对他的祝贺的致谢词。